Friedrich Schiller

Kabale und Liebe

Materialien und Kopiervorlagen
von Ulrich Vormbaum

© 2011 / 2022 Hase und Igel Verlag GmbH, München
Lektorat: Annette Huppertz, Kristina Oerke, Mira Fischer
Illustrationen: Christian Effenberger, Rees Jeanotte (Spielkarten auf S. 44)
ISBN 978-3-86316-438-6

INHALT

VORWORT

Schillers Werke nehmen seit jeher einen hohen Stellenwert im Literaturunterricht an Gymnasien ein. Für das Stück „Kabale und Liebe" ermittelte eine Studie des Freiburger Projekts „Klassikerwortschatz", das die Lektürefrequenz im Fach Deutsch und Leselisten im Germanistikstudium untersuchte, sogar den ersten Platz unter den Dramen – also noch vor den klassischen Schauspielen Lessings und Goethes (vgl. Heinz-Peter Meidinger: Einführung zur Dokumentation „200 Jahre nach Schillers Tod – wo steht der Deutschunterricht?". Hg. vom Deutschen Philologenverband. Berlin 2005, S. 7). Ein Grund für diese Vorrangstellung liegt sicherlich in der exemplarischen Bedeutung des Stücks: Gattungstypologisch ist es ein geradezu klassischer Repräsentant für das deutsche bürgerliche Trauerspiel, in seiner Form gilt es als Paradeexemplar sowohl für den pyramidalen Aufbau eines Dramas als auch für die bereits im Titel angelegte dichotomische Struktur – hier Kabale (Adel), dort Liebe (Bürgertum) – und geschichtlich lädt es als literarisches Zeugnis des Sturm und Drang zu einer kritischen Auseinandersetzung mit den Umbrüchen im 18. Jahrhundert ein, seien es die Machtstrukturen der feudalen Ständegesellschaft oder die Probleme der bürgerlichen Familie.

Es ließe sich einwenden, dass das zentrale Thema des Stücks, der Ständekonflikt zwischen Adel und Bürgertum, für heutige Schüler überholt ist. Überträgt man jedoch die sozialhistorischen Strukturen auf die modernen Verhältnisse einer in Kulturen und soziale Schichten geteilten Gesellschaft, bietet „Kabale und Liebe" für Jugendliche des 21. Jahrhunderts genügend Identifikationsangebote und interessanten Diskussionsstoff. Neben der Frage nach Anspruch und Verwirklichung einer – nicht nur klassenübergreifenden – Liebe lassen sich vielfältige Aspekte untersuchen: z. B. divergente Wertorientierungen (Genusssucht versus moralisch rigide Prinzipien), Generationskonflikte (Vater – Tochter; Vater – Sohn), innere Zerrissenheit der Protagonisten (Liebe und Leidenschaft bzw. Eifersucht), misslingende Kommunikation (Luise – Ferdinand) oder zeitlos brisante Themen wie Intrigen, Gewalt und Tod.

Trotz der unbestrittenen Aktualität darf man die Schwierigkeiten nicht unterschätzen, die die Lektüre von „Kabale und Liebe" Oberstufenschülern in der Regel bereitet. Nicht nur die ungewohnte und problematische Gattung des Lesedramas, sondern auch die zum Teil veraltete Sprache und das Pathos des Sturm und Drang, das der „Coolness" heutiger Jugendlicher entgegensteht, stellen große Hürden für das Verständnis dar. Grundsätzliches Anliegen der vorliegenden Arbeitsblätter ist es daher, die Schüler bei der Lektüre nicht alleinzulassen und das dramatische Geschehen anschaulich zu durchdringen.

In diesem Sinne wurden den Kopiervorlagen folgende Ansätze zugrunde gelegt:

- Sie sollen das Textverständnis und die immanente Deutungsarbeit fördern und folgen weitestgehend einer induktiven Herangehensweise.
- Sie sind so angeordnet, dass sie aufeinander bezogen, aber auch einzeln genutzt werden können.
- Sie folgen einem literaturdidaktischen Prinzip, nach dem grundlegend zwischen den Phasen vor, während und nach der Lektüre unterschieden wird.
- Sie berücksichtigen dementsprechend eine vorbereitende Motivationsphase (vor und während der Lektüre) und eine vertiefende analytische Phase (nach der Lektüre).
- Sie bieten für die analytische Vertiefung zusätzlich flexibel einsetzbare externe Zugänge, geordnet nach den Kategorien Autor, Werk, Einflüsse und Rezeption.
- Sie verstehen sich als Unterstützung eines lebendigen und methodisch variablen Unterrichts.

Für die Arbeit mit dem literarischen Text ist das 2. Kapitel „Handlung und Figuren" zentral. Die hier vorgelegten Arbeitsblätter setzen auf eine immanente Deutung des Stücks und lassen sich in ihrer chronologischen Anordnung als komplette Unterrichtsreihe nutzen, die noch vor der eigentlichen Lektüre ihren Anfang nimmt.

Die verbleibenden Materialien aus den Kapiteln zu Autor, Werk und Einflüssen (1. Kapitel), zu Sprache und Stil (3. Kapitel) sowie zur Rezeptionsgeschichte (4. Kapitel) dienen der Vertiefung der textimmanenten Analysearbeit durch die Bearbeitung weiterführender Aspekte und die Unterfütterung des Gelernten mit geschichtlichen Fakten. Diese Kopiervorlagen können variabel eingesetzt werden, Verknüpfungsmöglichkeiten werden im Lehrerteil aufgezeigt. Im Sinne einer induktiven Verfahrensweise empfiehlt es sich jedoch nicht, die ergänzenden Kopiervorlagen gleich zu Beginn der Unterrichtsreihe einzusetzen.

Die Seitenangaben im Material beziehen sich auf folgende Textausgabe: Friedrich Schiller: Kabale und Liebe. Stuttgart: Reclam 2017. Die auf den Kopiervorlagen abgedruckten Quellentexte wurden behutsam an die heutige Rechtschreibung angepasst.

1. AUTOR UND ENTSTEHUNG

EINFÜHRUNG

In diesem Kapitel finden Sie Kopiervorlagen, die über den dramatischen Text hinausweisen. So werden wesentliche Informationen über Autor und Werk geliefert sowie literarische und gesellschaftliche Bezüge hergestellt. Dabei entspricht es einer induktiven Vorgehensweise, das Drama zunächst werkimmanent zu erschließen (vgl. Kapitel „Handlung und Figuren"), um dann an geeigneter Stelle das Gelesene durch entsprechendes sekundäres Wissen zu vertiefen. So können die Kopiervorlagen „Leben am Hof von Herzog Carl Eugen" (S.15) und „Mätressenwesen am württembergischen Hof" (S. 16) z. B. im Anschluss an die Charakterisierung der zentralen dramatischen Figuren aus der höfischen Welt – Präsident von Walter, Hofmarschall von Kalb und Lady Milford – zum Einsatz kommen. Auf diese Weise wird ein Bezug zur gesellschaftlichen Wirklichkeit des prunksüchtigen und dekadenten Fürstenwesens im Deutschland des 18. Jahrhunderts hergestellt.

Noch verständlicher wird diese Sozialkritik, die sich besonders massiv in der Kammerdienerszene (II, 2) äußert, wenn man Schillers Sozialisation in Elternhaus und Karlsschule miteinbezieht. Auch die Thematik der unglücklichen Liebe sowie Ferdinands Exzentrik werden plastischer, wenn die Nähe zu Schillers eigenen Erfahrungen bzw. zu seinem Wesen deutlich wird. Diese biografischen Bezüge können die Schüler mithilfe der Kopiervorlage „Schillers Jahre des Sturm und Drang" (S. 11) herausarbeiten.

Einen Eindruck von Schillers umfangreichem Werk gewinnen die Schüler spielerisch, indem sie eingängige Schillerzitate richtig zuordnen (vgl. KV „Geflügelte Worte", S. 12).

Dass das Stück „Kabale und Liebe" in der Tradition einer zur damaligen Zeit noch jungen literarischen Gattung steht, wird anhand der Kopiervorlagen „Die Anfänge des bürgerlichen Trauerspiels" (S. 13 / 14) deutlich. Die empfindsame bürgerliche Liebe, ihre Bedrohung durch die Leidenschaft des Adels und der Tod der weiblichen Hauptfigur sind nur Beispiele für Motive, die Schillers bürgerliches Trauerspiel mit den Vorgängerdramen von Lessing, Goethe und Wagner gemeinsam hat.

Lernziele

- Die Schüler erkennen Zusammenhänge zwischen Schillers literarischem Werk und der gesellschaftlichen Wirklichkeit.
- Sie lernen wesentliche Ereignisse und Einflüsse im Leben des Autors kennen.
- Sie erhalten einen Eindruck von der Entwicklung der Gattung des bürgerlichen Trauerspiels.
- Sie begreifen, dass sich textimmanente und sozial- bzw. literargeschichtliche Deutungsansätze ergänzen können.

■ Zur Kopiervorlage Seite 11: SCHILLERS JAHRE DES STURM UND DRANG

Schillers Leben lässt sich in zwei große Abschnitte gliedern: 1. in die Württemberger Kindheit, seine Ausbildung an der Militärakademie (vgl. KV „Leben am Hof von Herzog Carl Eugen", S.15; KV „Mätressenwesen am württembergischen Hof", S. 16) sowie die anschließenden Mannheimer Jahre; 2. in seine Zeit in Jena und Weimar bis zu seinem Tod. Epochengeschichtlich ist der erste Abschnitt dem „Sturm und Drang", der zweite der „Weimarer Klassik" zuzuordnen.

Mithilfe einer Internetrecherche, zu der die Schüler auf dem Arbeitsblatt angeleitet werden, verschaffen sie sich einen Überblick über die wichtigsten Stationen von Schillers erstem Lebensabschnitt. Die Informationen werden stichwortartig auf einem Zeitstrahl eingetragen (Aufgabe 1) und können in Kurzreferaten ergänzt werden (Aufgabe 2).

Eine kommentierte Auswahl an Biografien zu Schiller bietet die Website des Hamburger Bildungsservers *https://bildungsserver.hamburg.de* unter Fächer / Sprachen / Deutsch / Deutschsprachige Autorinnen und Autoren / Sturm und Drang, Klassik / Friedrich Schiller.

Ausführliche Antworten auf Fragen bezüglich des Zeitstrahls finden sich auch auf „teachsam", einer Internetplattform für selbstorganisiertes Lernen *(http://www.teachsam.de/deutsch/d_literatur/d_aut/sci/sci_bio_0.htm)*.

Lösung

Aufgabe 1

Geburt und Herkunft (1759): am 10. November Geburt von Johann Christoph Friedrich Schiller in Marbach am Neckar als zweites Kind der Gastwirttochter Elisabeth Dorothea (geb. Kodweiß) und Johann Kaspar Schiller – Vater Wundarzt in der Armee des Herzogs Carl Eugen von Württemberg; 1767 Beförderung des Vaters zum Hauptmann; 1775 Ernennung zum Vorsteher der Hofgärtnerei auf Schloss Solitude – fünf Schwestern: Christophine (1757 – 1847), Luise Dorothee Katharine (1766 – 1836), Marie Charlotte (1768 – 74), Beate Friederike (Mai bis Dezember 1773), Karoline Christiane (1777 – 96).

Ein Pfarrer und sein Einfluss (1764 – 66): nach wechselnden Stationierungen, bedingt durch den Beruf des Vaters, Umzug in das Dorf Lorch (bei Schwäbisch Gmünd) – dort Unterricht in Latein und Griechisch bei Pastor Philipp Moser (1720 – 92), einem gelehrten, bescheidenen, gütigen Mann und versierten Pädagogen, der sich gegen allzu pietistische Frömmelei wendet – starke Prägung des jungen Schiller, der lange Zeit den Wunsch hat, seinem Vorbild nachzueifern und den Beruf des Pfarrers zu ergreifen; literarisches „Denkmal" für Moser im letzten Akt der „Räuber".

Leben in der Karlsschule (1773 – 80): am 16. Januar 1773 nach wiederholter Aufforderung durch Herzog Carl Eugen Wechsel auf die „Militär-Pflanzschule" (später: Hohe Karlsschule) auf Schloss Solitude – dort unter der persönlichen Aufsicht des Herzogs erlesene Vermittlung von Welt- und Fachwissen, aber auch strenge Erziehungsprinzipien und militärischer Drill in einer „kasernierten" Welt – zunächst mittelmäßiger Schüler; mit dem Wechsel zum Medizinstudium (1775) sammelt er Trophäen und Preise – Einsamkeit und Verzweiflung, großer Leistungsdruck, anfangs häufige Krankheiten – kann seinen literarischen Neigungen nur heimlich nachkommen (Privatlektüre war verboten): geheimer Dichterbund mit den Mitschülern Hoven, Scharffenstein und Petersen, nächtliches Verfassen der „Räuber".

Uraufführung der „Räuber" (1782): 13. Januar Uraufführung der „Räuber" im Mannheimer Nationaltheater, zu der Schiller heimlich anreist; großes öffentliches Interesse, da bereits die anonyme Druckausgabe 1781 (von Schiller im Selbstverlag herausgegeben) für Aufsehen gesorgt hat – Entschärfung der im Stück enthaltenen Kritik am Feudalsystem durch Verlegung der Handlung in die Vergangenheit; August Wilhelm Iffland tritt jedoch in der Rolle des Franz Moor in zeitgenössischer Kleidung auf. – Die Aufführung erstreckt sich über fünf Stunden, es wird ein überwältigender Theaterabend, wie folgender Augenzeugenbericht beweist: „Das Theater glich einem Irrenhause, rollende Augen, geballte Fäuste, stampfende Füße, heisere Aufschreie im Zuschauerraum! Fremde Menschen fielen einander schluchzend in die Arme, Frauen wankten, einer Ohnmacht nahe, zur Türe. Es war eine allgemeine Auflösung wie im Chaos, aus dessen Nebeln eine neue Schöpfung hervorbricht!" (In: Rüdiger Safranski: Schiller oder Die Erfindung des Deutschen Idealismus. München 2004, S. 133). – Schiller erfüllt das Erlebnis dieser ersten Aufführung eines eigenen Stücks mit Stolz; Brief an Dalberg einige Tage später: „Ich glaube, wenn Deutschland einst einen dramatischen Dichter in mir findet, so muss ich die Epoche von der vorigen Woche zählen." (In: Safranski, S. 134) – im Mai erneute Reise nach Mannheim – im Juli Erlass einer zweiwöchigen Arreststrafe durch Herzog Carl Eugen wegen Schillers unerlaubter Reisen – im August ausdrückliches Verbot weiterer nicht-medizinischer schriftstellerischer Tätigkeiten → Schiller flieht nach Mannheim.

Unglückliche Liebe in Bauerbach (1783): auf Einladung seiner Gönnerin Henriette von Wolzogen, der Mutter eines Akademiekameraden, unter dem Namen Dr. Ritter Aufenthalt auf Gut Bauerbach in Thüringen nahe der Grenze zu Bayern – wiederholtes Zusammentreffen mit der 16-jährigen Tochter Charlotte von Wolzogen; Schillers Gefühle werden zunehmend leidenschaftlich; als Bürgerlicher ist er jedoch für die adlige Familie kein geeigneter Heiratskandidat – Verarbeitung seiner unglücklichen Liebe in „Luise Millerin" (ursprünglich geplanter Titel, den Schiller später auf Anraten des Schauspielers Iffland in den modernen antithetischen Titel „Kabale und Liebe" umwandelt).

Theaterdichter in Mannheim (1784): 1. September 1783 bis 31. August 1784: feste Anstellung als Theaterdichter am Mannheimer Hof- und Nationaltheater; Intendant: Wolfgang Heribert von Dalberg, unter dessen Regie auch schon Schillers „Räuber" uraufgeführt worden sind; berühmtester Schauspieler: August Wilhelm Iffland, der selbst auch Dramen verfasst – Aufführung des Dramas „Die Verschwörung des Fiesco zu Genua" am 11. Januar 1784 (mäßiger Erfolg); Uraufführung des bürgerlichen Trauerspiels „Kabale und Liebe" am 13. April 1784 (großer Publikumserfolg) – Konkurrenzsituation zwischen Schiller und Iffland sowie Streitigkeiten mit einigen Schauspielern und dem Theaterdirektor führen dazu, dass Dalberg Schillers Vertrag im August auslaufen lässt.

Ein Gönner in Leipzig (1785–87): auf Einladung von Schillers Bewunderer Christian Gottfried Körner (Schriftsteller, Kunstmäzen und Jurist) 1785 Reise nach Leipzig; der körperlich erschöpfte und finanziell ausgeblutete Schiller findet dort herzliche Aufnahme in Körners Freundeskreis, seinen Gönner und lebenslangen Freund lernt er erst etwas später kennen. – Ohne Körner wäre Schillers zweiter Lebensabschnitt so nicht denkbar; Schiller erkennt den Wert der Freundschaft, es entsteht die „Ode an die Freude. Ein Rundgesang für freie Männer". – Allerdings werden ihm bald die Häuslichkeit der Körners und seine finanzielle Abhängigkeit auch Probleme bereiten. Schiller muss sich von Körner emanzipieren, der Freundschaft zu ihm schadet dies aber auf Dauer nicht.

Weiterführende Anregung

Analog zur auf der Kopiervorlage abgebildeten Vorlage können die Schüler einen weiteren Zeitstrahl erarbeiten, der einen Überblick über Schillers zweiten Lebensabschnitt gibt. Dabei können die mit interessanten Informationen zu füllenden Stationen entweder vorgegeben oder von den Schülern selbstständig gefunden werden. Für die Auswahl lassen sich unterschiedliche Kriterien heranziehen: Naheliegend ist eine örtliche Unterteilung, z. B. in die „Jenaer Jahre" (1789–99: Verlobung und Heirat mit Charlotte von Lengefeld, philosophisch-ästhetische Schriften) und die „Weimarer Jahre" (1794–1805 = sogenannte Weimarer Klassik: Freundschaft mit Goethe, Balladenwettstreit, Entstehung der Dramen „Wallenstein", „Maria Stuart", „Die Jungfrau von Orléans", „Die Braut von Messina", „Wilhelm Tell"). Denkbar sind aber auch thematische Schwerpunktsetzungen, z. B. eine Station „Krankheiten und Tod", die sich dem besonderen Gegensatz von schöpferischem Enthusiasmus und körperlichem Verfall widmet (Rückverweis auf Schillers Malariakrankheit 1783, Lungen- und Rippenfellentzündung 1791, chronische Schmerzen und Fieberanfälle in der Folgezeit, Tod 1805, Obduktionsbefund des Leichnams).

Zur Kopiervorlage Seite 12: GEFLÜGELTE WORTE

Komplexe Gedanken und Sachverhalte kann man häufig mithilfe eines geflügelten Worts auf den Punkt bringen. Schillers Werk ist eine wahre Fundgrube für derartige Redewendungen. Bereits Goethe meinte am 22. Juni 1827 im Gespräch mit Eckermann: „Es ist bei Schillern jedes Wort praktisch, und man kann ihn im Leben überall anwenden. Aber ihr kennt ihn nicht." Auch heute noch verwenden wir häufig Schiller-Zitate, ohne dass uns dies immer bewusst ist.

Im Internet finden sich zahlreiche Seiten mit Schiller-Sprüchen. Die meisten davon sind jedoch nicht sonderlich umfangreich oder es fehlen genaue Quellenangaben. Die Schüler sollten bei der Bearbeitung der Kopiervorlage daher zunächst die Erfahrung machen, wie willkürlich und oberflächlich im Netz angebotene Informationen oft sein können. Bei der Besprechung der ersten Aufgabe sollte dann auf brauchbare Seiten, wie z. B. *http://www.h-bruchwitz.de/Zitate%20Schiller.html* und *https://de.wikiquote.org/wiki/Friedrich_Schiller* verwiesen werden, die sich auch gut für die Bearbeitung der zweiten, produktionsorientierten Aufgabe eignen. Die Liste der gefundenen Quellen bietet einen Überblick über Schillers wichtigste Dramen sowie einige seiner Gedichte.

Lösung

Aufgabe 1

1. „Donner und Doria!", aus: Die Verschwörung des Fiesco zu Genua I, 5 (Drama, 1783, Gianettino Doria)
2. „beim wunderbaren Gott! – das Weib ist schön!", aus: Don Karlos II, 8 (Drama, 1787, Don Karlos)
3. „Wie kommt mir solcher Glanz in meine Hütte?", aus: Die Jungfrau von Orleans, Prolog 2. Auftritt (Drama, 1801, Thibaut d'Arc)
4. „Raum ist in der kleinsten Hütte für ein glücklich liebend Paar", aus: Der Jüngling am Bache (Gedicht, 1803)
5. „Verbunden werden auch die Schwachen mächtig", aus: Wilhelm Tell I, 3 (Drama, 1804, Stauffacher)
6. „wer ein holdes Weib errungen, mische seinen Jubel ein", aus: An die Freude (Gedicht, 1785)
7. „prüfe, wer sich ewig bindet, ob sich das Herz zum Herzen findet!", aus: Das Lied von der Glocke (Gedicht, 1799)
8. „Was nicht zusammen kann bestehen, tut am besten sich zu lösen", aus: Die Jungfrau von Orleans II, 2 (Drama, 1801, Lionel)
9. „Denn ein gebrechlich Wesen ist das Weib", aus: Maria Stuart II, 3 (Drama, 1801, Talbot)
10. „Darüber guckt man bei euch Weibsleuten weg, wenn's nur der liebe Gott parterre nicht hat fehlen lassen", aus: Kabale und Liebe I, 1 (Drama, 1784, Vater Miller)
11. „durch Anmut allein herrschet (und herrsche) das Weib", aus: Die Macht des Weibes (Gedicht, 1797)
12. „ich hab hier bloß ein Amt und keine Meinung", aus: Wallensteins Tod I, 5 (Dramentrilogie, 1800, Wrangel)
13. „Zwischen Sinnenglück und Seelenfrieden bleibt dem Menschen nur die bange Wahl", aus: Das Ideal und das Leben (Gedicht, 1795 / 1804)
14. „‚Was tun?' spricht Zeus", aus: Die Teilung der Erde (Gedicht, 1795)
15. „Dem Mann[e] kann geholfen werden.", aus: Die Räuber V, 2 (Drama, 1781, Karl Moor)
16. „Der Tag bricht an und Mars regiert die Stunde", aus: Wallensteins Tod I, 1 (Drama, 1800, Wallenstein)
17. „Der Mann muss hinaus ins feindliche Leben", aus: Das Lied von der Glocke (Gedicht, 1799)
18. „der Not gehorchend, nicht dem eigenen Trieb[e] ...", aus: Die Braut von Messina I, 1 (Drama, 1803, Isabella)
19. „Der Starke ist am mächtigsten allein", aus: Wilhelm Tell I, 3 (Drama, 1804, Tell)

Zu den Kopiervorlagen Seiten 13 / 14: DIE ANFÄNGE DES BÜRGERLICHEN TRAUERSPIELS

Kurz nachdem Schiller sein Stück „Kabale und Liebe" fertiggestellt hatte, äußerte er ein gewisses Unbehagen darüber, sich auf die Gattung des bürgerlichen Trauerspiels überhaupt eingelassen zu haben: „Ich kann es mir jetzt nicht vergeben, dass ich so eigensinnig, vielleicht auch so eitel war, um in einer entgegengesetzten Sphäre zu glänzen, meine Phantasie in die Schranken des bürgerlichen Kothurns einzäunen zu wollen, da die hohe Tragödie ein so fruchtbares Feld, und für mich, möchte ich sagen, da ist; da ich in diesem Fache größer und glänzender erscheinen, und mehr Dank und Erstaunen wirken kann, als in keinem andern [...]" (Schillers Werke. Nationalausgabe. Hg. v. Norbert Oellers, Bd. 7, 2: Don Karlos Anmerkungen. Weimar 1986, S. 18.). Mit den „Schranken des bürgerlichen Kothurns" meint Schiller das begrenzte Repertoire einer noch jungen Bühnentradition, die die bürgerliche Familie und ihre Gesinnung in der Auseinandersetzung mit dem Adel und seinen Werten zum Gegenstand der tragischen Darstellung macht.

Dieses Arbeitsblatt bietet den Schülern die Möglichkeit, anhand von kurzen Inhaltsangaben Figurenkonstellationen und Motive vorausgegangener bürgerlicher Trauerspiele und Rührstücke miteinander zu vergleichen, um so einen Eindruck von den Einflüssen dieses Genres auf Schillers „Kabale und Liebe" zu erhalten.

Der Einsatz der Kopiervorlage bietet sich nach der Erarbeitung der Merkmale der bürgerlichen und der höfischen Welt im 2. Kapitel an (KV S. 40 – 45).

Lösung
Aufgabe 1
Überblick über das Personal:

Stücke	Figuren					
Kabale und Liebe	Vater Miller	Mutter Miller	Luise Miller	Sekretär Wurm	Ferdinand	Präsident	Lady Milford
Miss Sara Sampson	Sir William		Sara Sampson		Mellefont		Marwood
Emilia Galotti	Vater Odoardo	Mutter Claudia	Emilia Galotti	Marinelli	Graf Appiani	Prinz von Guastalla	Gräfin Orsina
Clavigo	(Maries Bruder)		Marie Beaumarchais	Carlos	Clavigo		
Die Kindermörderin	Herr Humbrecht	Frau Humbrecht	Evchen Humbrecht	von Hasenpoth	von Gröningseck		
Der teutsche Hausvater	Maler Lebock		Lottchen		Karl Wodmar	Graf Wodmar	Gräfin Amaldi

→ Die Tabelle macht auf den ersten Blick deutlich, dass sich die Figurenhaushalte in den Stücken von Schiller und Lessing relativ stark ähneln. In „Miss Sara Sampson" steht mit der Titelheldin und Mellefont ebenfalls ein Liebespaar im Zentrum des Geschehens. Wie in „Kabale und Liebe" wird auch in „Emilia Galotti" die Protagonistin in ihrer Beziehung zu ihren Eltern charakterisiert. Auch wenn Lessings Heldinnen aus der Adelsschicht stammen, so tragen die dargestellten Familien in ihrer Empfindsamkeit (Sir William) und mit ihren rigorosen Tugendidealen (Odoardo Galotti) deutlich bürgerliche Züge. Weitere Ähnlichkeiten zeigen sich im selbstbewussten Standesverhalten der Väter Miller und Odoardo, in den vom Hofleben eingenommenen Müttern Miller und Claudia, in den intrigierenden Figuren Wurm und Marinelli sowie in den eher vermittelnden adligen Frauen Milford und Orsina. Die Figurentabelle zeigt ferner, dass Goethes Trauerspiel „Clavigo" allein schon aufgrund der fehlenden Vaterfigur weniger Vergleichbares aufweist. In Wagners Trauerspiel findet sich dagegen eine bürgerliche Familie, die in ihrer Geschlechterrollenverteilung Schiller zum Vorbild gedient haben mag: auf der einen Seite der standesbewusste Vater (Herr Humbrecht), auf der anderen die vom höfischen Treiben faszinierte Mutter (Frau Humbrecht). In dem Stück, das Schillers „Kabale" zeitlich am nächsten steht, dem „teutschen Hausvater", liegt der Fokus weniger auf der bürgerlichen Familie. Der Hausvater ist wie in Lessings Stücken adliger Herkunft, verfügt jedoch über eine ausnehmend fürsorgliche und soziale Gesinnung. Der bürgerliche Maler, ein Künstler wie Musikus Miller, denkt hingegen weniger standesübergreifend.

Ähnliche Motive:
- Katastrophe: Tod der Liebenden in den Stücken von Lessing, Goethe und Schiller
- Selbstmord: Mellefont und Ferdinand begehen Selbstmord.
- Giftmord: Sara und Luise werden vergiftet.
- Intrigen: Marinellis Anschlag in der Nähe des Lustschlosses; fingierte Briefe Wurms und von Hasenpoths
- väterliche Liebe: William Sampson, Miller und Graf Wodmar
- Bereitschaft zur Vergebung: Sara und Luise; Clavigo und Ferdinand

Aufgabe 2
Beim Drama „Der teutsche Hausvater" handelt es sich nicht um ein Trauerspiel, sondern um ein rührendes Familienschauspiel. Im Unterschied zu den übrigen hier angeführten Dramen endet es nicht in der Katastrophe, sondern in Harmonie und Versöhnung. Damit steht es in der Tradition der „ernsten Komödie", der „comédie larmoyante", wie sie z. B. Denis Diderot verfasste; eines seiner Rührstücke in diesem „genre sérieux" trägt bezeichnenderweise den Titel „Der Hausvater" („Le père de famille", 1758).

Zur Kopiervorlage Seite 15: LEBEN AM HOF VON HERZOG CARL EUGEN

Die Kopiervorlage setzt die höfische Welt im Drama mit den Verhältnissen am Hof des Herzogs Carl Eugen von Württemberg in Beziehung. Dabei werden sowohl die Verschwendungssucht des Fürsten als auch der Soldatenverkauf als Einnahmequelle zur Finanzierung seines ausschweifenden Lebensstils behandelt. Ein Vergleich der Verhältnisse am Hof Carl Eugens mit dem Leben heutiger Adliger schlägt den Bogen zur Lebenswelt der Schüler.

Da Schiller als Jugendlicher und Erwachsener immer wieder mit aristokratischem Hochmut und fürstlicher Willkür konfrontiert wurde, ist es nachzuvollziehen, dass sich seine diesbezüglichen Erfahrungen auch im Stück niederschlagen.

Schillers Freund Streicher berichtet, dass die feudalkritischen Anspielungen derart deutlich waren, dass der Dichter noch kurz vor der Aufführung einige Änderungen zur notdürftigen Verschleierung vornahm (vgl. Rüdiger Safranski: Schiller oder Die Erfindung des Deutschen Idealismus. München 2004, S. 171).

Es empfiehlt sich, vor der Bearbeitung der ersten Aufgabe die Internetrecherche zu Schillers Leben und Werk (vgl. KV „Schillers Jahre des Sturm und Drang", S. 11) durchzuführen. Die dort gewonnenen Informationen zu Kindheit und Jugend des Autors können für diese Aufgabe genutzt und vertieft werden.

Lösung

Aufgabe 1

- Schillers Vater war Wundarzt in der Armee des Herzogs und später Vorsteher der Hofgärtnerei auf Schloss Solitude.
- Als Schiller knapp sieben Jahre alt war, zog er mit seiner Familie nach Ludwigsburg, wo der Herzog seinen Hofstaat hielt.
- Als 13-Jähriger wechselte Schiller zur „Militär-Pflanzschule" (später: Hohe Karlsschule) auf Schloss Solitude.
- Im Alter von 19 Jahren hielt er eine Ansprache zum Geburtstagsfest der Reichsgräfin von Hohenheim.
- 1782 erhielt er durch Herzog Carl Eugen eine zweiwöchige Arreststrafe, weil er unerlaubt der Uraufführung seines Stücks „Die Räuber" in Mannheim beigewohnt hatte.

Aufgaben 2 und 3

Verschwendungssucht: Die Mätresse Lady Milford über den Fürsten (II, 1): „Wahr ist's, er kann mit dem Talisman seiner Größe jeden Gelust meines Herzens, wie ein Feenschloss, aus der Erde rufen. – Er setzt den Saft von zwei Indien auf die Tafel – ruft Paradiese aus Wildnissen – lässt die Quellen seines Landes in stolzen Bögen gen Himmel springen, oder das Mark seiner Untertanen in einem Feuerwerk hinpuffen – –"; Hofmarschall (III, 2): „Heute Abend ist große Opéra Dido – das süperbeste Feuerwerk – eine ganze Stadt brennt zusammen –"; Finanzierung der teuren Hofhaltung durch Soldatenverkauf: Lady Milford bekommt vom Herzog edlen Schmuck geschenkt. Auf die Frage der Mätresse, was der Herzog dafür bezahlt habe, antwortet der Kammerdiener finster (II, 2): „Sie kosten ihn keinen Heller. [...] Gestern sind siebentausend Landskinder nach Amerika fort – Die zahlen alles." Im Anschluss erfolgt ein blutiger Bericht darüber, wie die jungen Männer dazu gezwungen wurden, als Soldaten nach Übersee in den Krieg zu ziehen.

Aufgabe 4

Herzog Carl Eugen von Württemberg (1728–93) ältester Sohn Herzogs Karl Alexander und seiner Frau Maria Augusta von Thurn und Taxis	**Gloria Prinzessin von Thurn und Taxis (geb. Gräfin von Schönburg-Glauchau, 1960)** heiratete 1980 den Prinzen Johannes von Thurn und Taxis
1) Herrscher des Herzogtums Württemberg, einem souveränen Einzelstaat im Zeitalter des Absolutismus 2) als Landesherr große politische Macht 3) prunkvoller, auf Repräsentanz angelegter und exzentrischer Herrschaftsstil 4) wandelt sich an der Seite seiner Mätresse, der Gräfin von Hohenheim, vom zügellosen Despoten zum pädagogisch aufgeschlossenen (Gründer der angesehenen Hohen Karlsschule), sorgenden Landesvater im Sinne eines aufgeklärten Absolutismus	1) schillernde Persönlichkeit, heiratet in eines der ehemals bedeutendsten Reichsfürstengeschlechter ein 2) als Fürstin keine gesellschaftspolitische Funktion (Ende der Monarchie 1918), stattdessen wirtschaftliche Macht; nach dem Tod ihres Mannes erfolgreiche Managerin eines familiär geführten Milliardenkonzerns 3) Präsenz in den Medien 4) wandelt sich trotz ihres extravaganten Lebensstils von einer „Punk-Prinzessin" zur konservativen Anstandsdame mit sehr katholischen Grundsätzen (z. B. Gegnerin der Antibabypille)

Zur Kopiervorlage Seite 16: MÄTRESSENWESEN AM WÜRTTEMBERGISCHEN HOF

Die Lebensläufe der beiden Mätressen dienen neben einer weiteren sozialgeschichtlichen Vertiefung vor allem dazu, die vielschichtige Figur der Lady Milford näher zu beleuchten. Als Textgrundlage für die Bearbeitung der beiden Aufgaben sind die entsprechenden Szenen aus dem zweiten und vierten Akt heranzuziehen.

Lösung

Aufgabe 1

Lady Milford ist die Mätresse eines deutschen Fürsten. Sie stammt aus englischem Hochadel und gerät als 14-Jährige in deutsches Exil, nachdem ihre Mutter an dem Tag starb, als ihr Vater, der oberste Kämmerer des englischen Königs, des Verrats bezichtigt und hingerichtet wurde. In Hamburg lebt sie sechs Jahre lang von ihrem verkauften Familienschmuck, bis sie dem Herzog begegnet, an seinen Hof zieht und seine Mätresse wird. Sie leidet unter ihrem Status als Konkubine und ringt ihrer misslichen Lage den Sinn ab, so manches Unrecht des despotischen Herzogs zu verhindern oder im Nachhinein abzumildern. Einer angekündigten Vermählung mit Ferdinand von Walter verleiht sie den Anschein einer Hofkabale, in Wirklichkeit aber liebt sie den Major und will mit ihm fliehen. Als dieser ihre Liebe zurückweist, will sie ihn trotzdem zur Heirat zwingen, um sich nicht in der Öffentlichkeit lächerlich zu machen (II, 3). Ferdinands Geliebte, die bürgerliche Luise, versucht sie durch Drohungen und Versprechungen zum Verzicht zu bewegen. Als diese freiwillig entsagt (IV, 7), sieht sich Lady

Milford in ihrem Stolz herausgefordert. Sie beendet ihr Verhältnis zum Herzog, verschenkt ihr Vermögen an ihre Dienerschaft und geht außer Landes (IV, 8; IV, 9). Über ihr weiteres Schicksal ist nichts bekannt. Die Lady gilt als ebenso gutherzig und mildtätig wie machtbewusst und eitel.

Aufgabe 2
Der Gestalt der Lady Milford könnten in ihrer Zerrissenheit Persönlichkeitsmerkmale sowohl von Wilhelmine von Grävenitz als auch von Franziska von Hohenheim innewohnen. Wie Wilhelmine stammt sie aus der Fremde und ist auf Macht und Ehrgeiz bedacht. Ihr Standesbewusstsein und ihre Eitelkeit werden besonders im Dialog mit Luise unterstrichen (IV, 7). Mit Franziska von Hohenheim verbindet sie ihr gutes Herz und ihre Nähe zum Volk. Deutlich wird dies vor allem in der Szene, als sie das Juwelengeschenk des Herzogs für gute Zwecke veräußern will, sich über den Verkauf der Soldaten nach Übersee entsetzt und dem Kammerdiener verspricht, seine Söhne vor einer Landesverschickung zu bewahren (II, 2).

SCHILLERS JAHRE DES STURM UND DRANG

1. Informieren Sie sich im Internet über die auf dem Zeitstrahl abgebildeten Stationen in Schillers Leben und Werk. Übertragen Sie den Zeitstrahl in Ihr Heft und notieren Sie stichpunktartig die wichtigsten Informationen.

Beginnen Sie mit Ihrer Recherche auf der Internetseite *www.teachsam.de*. Unter „Deutsch / Literatur / Autorinnen und Autoren / Friedrich Schiller“ finden Sie unter anderem eine Kurzbiografie, ein Register über Personen und Begegnungen, ausführliche Informationen zu Kindheit und Jugend sowie zum dramatischen Erstlingswerk des Autors. Sollten die dort präsentierten Fakten für die Bearbeitung der letzten drei Kästen nicht ausreichen, suchen Sie unter einschlägigen Begriffen nach weiteren Websites.

1759

1. Geburt und Herkunft
Wie lauten Geburtsort und Geburtsdatum?
Wie heißen die Eltern?
Welchen Beruf übt der Vater aus?
Aus welcher Familie stammt die Mutter?
Wie heißen die Geschwister?

© akg-images

1764–1766

2. Erziehung I: Ein Pfarrer und sein Einfluss
Wie heißt der Pfarrer?
Was wissen wir heute über ihn?
Inwieweit prägt er den jungen Schiller?

1773–1780

3. Erziehung II: Leben in der Karlsschule
Um was für eine Schule handelt es sich?
Was lernt Schiller dort?
Wie fühlt er sich dort?
Welche Konflikte ergeben sich für ihn?

1782

4. Uraufführung der „Räuber“
Wo und wann findet die Uraufführung statt?
Wie wird die im Stück enthaltene Kritik am Feudalsystem umgangen?
Welche Stimmung schildert ein Zeitzeugenbericht?
Welche Bedeutung hat diese Aufführung für Schiller?

1783

5. Unglückliche Liebe in Bauerbach
Wo liegt dieser Ort?
Warum zieht es Schiller dorthin?
In wen verliebt er sich?
Inwiefern wirkt sich diese Liebe auf sein dramatisches Schaffen aus?

© bpk

1784

6. Theaterdichter in Mannheim
Wie heißen der Intendant und sein berühmtester Schauspieler?
Welche Stücke Schillers werden aufgeführt?
Sind sie ein Erfolg?
Wieso wird sein Vertrag nicht verlängert?

© bpk / Lutz Braun

1785–1787

7. Ein Gönner in Leipzig
Wer ist dieser Gönner?
Warum ist er für Schillers weiteren Werdegang so wichtig?
Welche Probleme gibt es zwischen ihm und Schiller?

2. Wählen Sie aus den Stationen 2 bis 7 diejenige aus, die Sie besonders interessiert. Verfassen Sie dazu ein Referat mit einer Vortragszeit von ca. 10 Minuten.

GEFLÜGELTE WORTE

1. Der folgende Text ist eine Montage aus „Schiller-Sprüchen". Finden Sie mithilfe des Internets heraus, aus welchen seiner Werke die jeweiligen Redewendungen stammen. Notieren Sie auch das Entstehungsjahr des dramatischen bzw. lyrischen Textes.

Geflügelte Worte
Eine Bezeichnung für allgemein bekannte oder oft gebrauchte feste Redewendungen, deren Herkunft – im Gegensatz zum Sprichwort – eindeutig nachgewiesen werden kann. In den meisten Fällen handelt es sich um Zitate aus literarischen Werken oder Aussprüche historischer Personen. Geprägt wurde der Begriff von Johann Heinrich Voß, der in seiner Homerübersetzung (1781 – 93) die Formel „épea pteroénta" („die vom Mund des Gegners zum Ohr des Angesprochenen fliegenden Worte") mit „geflügelte Worte" ins Deutsche übertrug. Populär wurde diese Wendung durch die Zitatensammlung des Berliner Philologen Georg Büchmann (1822 – 84), die 1864 unter dem Titel „Geflügelte Worte. Der Citatenschatz des deutschen Volkes" erschien.

Von der gebrechlichen Frau, die einen Mann aus seinem Haus vertrieb

Donner und Doria, beim wunderbaren Gott! – das Weib ist schön! Wie kommt mir solcher Glanz in meine Hütte? Allein, Raum ist in der kleinsten Hütte für ein glücklich liebend Paar. Verbunden werden auch die Schwachen mächtig und wer ein holdes Weib errungen, mische seinen Jubel ein!
Doch prüfe, wer sich ewig bindet, ob sich das Herz zum Herzen findet! Was nicht zusammen kann bestehen, tut am besten sich zu lösen. Denn ein gebrechlich Wesen ist das Weib. Aber darüber guckt man bei euch Weibsleuten weg, wenn's nur der liebe Gott parterre nicht hat fehlen lassen.
Denn durch Anmut allein herrschet das Weib und ich hab hier bloß ein Amt und keine Meinung. Zwischen Sinnenglück und Seelenfrieden bleibt dem Menschen nur die bange Wahl. „Was tun?", spricht Zeus. Dem Mann[e] kann geholfen werden. Der Tag bricht an und Mars regiert die Stunde. Der Mann muss hinaus ins feindliche Leben, der Not gehorchend, nicht dem eigenen Trieb[e] ... Der Starke ist am mächtigsten allein.

2. Sicherlich sind Sie bei Ihrer Internetrecherche auf zahlreiche weitere Websites mit Schiller-Sprüchen gestoßen. Nutzen Sie diesen Fundus, um eine eigene Geschichte zu verfassen, in der möglichst viele Schiller-Zitate vorkommen.

DIE ANFÄNGE DES BÜRGERLICHEN TRAUERSPIELS (1)

Das bürgerliche Trauerspiel

Das Drama „Kabale und Liebe" trägt den Untertitel „Bürgerliches Trauerspiel". Mit dieser Bezeichnung greift Schiller auf eine dramatische Gattung zurück, die sich, angeregt durch englische und französische Vorbilder (George Lillo: The London Merchant, 1731; Denis Diderot: Le père de famille, 1758), in der zweiten Hälfte des 18. Jahrhunderts auch auf deutschen Bühnen etablierte. War davor laut Ständeklausel das Personal einer Tragödie fast ausschließlich der staatstragenden Aristokratie und ihren politischen Aktivitäten entlehnt, so setzt das bürgerliche Trauerspiel nun auch den bürgerlichen Stand in Szene und erhebt seine häusliche Sphäre und Gesinnung in den Rang des Tragischen. Wie sehr der Bereich des Häuslichen und Privaten mit dem bürgerlichen Trauerspiel in Verbindung gebracht wird, zeigen auch die entsprechenden Gattungsnamen aus England und Frankreich („domestic tragedy", „tragédie domestique et bourgeoise").

1. Der Literaturwissenschaftler Karl S. Guthke beschreibt Schillers „Kabale und Liebe" als ein „Sammelbecken typischer Motive vorausgegangener bürgerlicher Dramen". Weisen Sie mögliche Einflüsse der folgenden Stücke auf Schillers Drama nach. Welche Figuren und Motive lassen sich mit denen aus „Kabale und Liebe" vergleichen?

Gotthold Ephraim Lessing, Miss Sara Sampson (1755)

Der adlige Lebemann Mellefont hat die tugendsame Sara Sampson aus ihrem Elternhaus entführt. Die beiden wollen nach Frankreich gehen, um dort zu heiraten. In einem englischen Gasthof wird die Flucht unterbrochen, weil Mellefont noch eine Erbschaftsangelegenheit regeln muss. Dies hat zur Folge, dass nicht nur Sir William Sampson, Saras Vater, die beiden aufspürt, sondern auch Mellefonts ehemalige Geliebte Marwood, mit der er eine gemeinsame Tochter hat. Als Mellefont ihr mitteilt, dass er nicht zu ihr zurückkehren werde, erwirkt die Marwood ein Treffen mit ihrer Widersacherin, bei dem sie sich zunächst als Mellefonts Verwandte ausgibt: Sie macht ihren „Vetter" vor Sara schlecht, in der Hoffnung, die beiden auf diese Weise zu entzweien; aber Sara hält zu ihrem Geliebten. Als die Marwood schließlich ihre Identität preisgibt, fällt Sara in Ohnmacht. Die Rivalin nutzt die Gelegenheit und vertauscht Saras Medizin mit einem Gift. Das Attentat gelingt, doch vor ihrem Tod kann sich Sara noch mit ihrem Vater aussprechen, der ihr längst vergeben hat. Auch Sara vergibt ihrer Mörderin. Ihr entsetzter Geliebter richtet sich selbst und folgt sterbend dem Vorbild der beiden Sampsons, indem er die väterliche Liebe William Sampsons akzeptiert.

Gotthold Ephraim Lessing, Emilia Galotti (1772)

Prinz Hettore Gonzaga von Guastalla, einem italienischen Duodezfürstentum, ist der gesellschaftlich unter ihm stehenden Emilia Galotti verfallen, die er einige Wochen zuvor zufällig bei einer Abendgesellschaft kennengelernt hat. Deshalb möchte er auch seine Liaison mit der Gräfin Orsina beenden. Als er von seinem Kammerherrn Marinelli erfährt, dass Emilia noch am selben Tag den Grafen Appiani ehelichen wird, bricht für ihn eine Welt zusammen. Unausgesprochen erteilt er Marinelli einen Freibrief, alles zu unternehmen, was diese Hochzeit verhindern könnte. Dieser heuert Verbrecher an, die die Kutsche des Brautpaars auf dem Weg zur Trauung überfallen: Appiani wird im Kampf getötet, Emilia auf das nahe Lustschloss des Prinzen gebracht. Zunächst erleichtert über die vermeintliche „Rettung", erschrickt sie, als sie auf den Prinzen trifft, der sie am Morgen bei der Beichte mit Liebesschwüren überhäuft hat. Ihre kurz darauf eintreffende Mutter Claudia durchschaut das abgekartete Spiel schnell und bezeichnet Marinelli als den „Abschaum aller Mörder". Zu allem Überfluss reist nun auch noch die Gräfin Orsina an, die nichts von der neuen Liebe des Prinzen ahnt. Als sie harsch abgewiesen wird, nutzt sie die Anwesenheit von Emilias Vater Odoardo für einen persönlichen Rachefeldzug: Sie öffnet dem strengen Vertreter bürgerlicher Tugenden die Augen in Bezug auf die Absichten des Prinzen. Anschließend übergibt sie dem Unbewaffneten einen Dolch. Odoardo schickt seine Frau zurück in die Stadt, entschlossen, die Tugend seiner Tochter allein zu retten. Seinen Vorschlag, die Tochter in

DIE ANFÄNGE DES BÜRGERLICHEN TRAUERSPIELS (2)

ein Kloster zu schicken, weist der Prinz unter dem Vorwand zurück, sie solle bis zur Aufklärung des Überfalls in der Obhut seines Kanzlers bleiben. Odoardo sieht keinen Ausweg mehr: Unter vier Augen berichtet er seiner Tochter vom Tod des Grafen und den Plänen des Prinzen. Emilia, die fürchtet der Verführung des Prinzen zu erliegen, bittet ihren Vater, sie zu erstechen. Nach kurzem Zögern erfüllt Odoardo ihr diesen Wunsch. Als Hettore und Marinelli hinzukommen, müssen sie zusehen, wie Emilia ihren letzten Atemzug tut. Odoardo klagt den Prinzen an und verweist auf Gott als „höheren Richter". Der Prinz erkennt seine Schuld, schiebt aber alle Verantwortung auf seinen Kammerherrn.

Johann Wolfgang von Goethe, Clavigo (1774)

Der am Hofe angesehene Clavigo, ein talentierter und ehrgeiziger junger Schriftsteller, trifft sich mit seinem Freund Carlos, der um dessen Karriere besorgt ist. Der Titelheld lässt sich dazu bewegen, sich von seiner Verlobten, der mittellosen Marie Beaumarchais, zu trennen, obwohl er immer noch Gefühle für sie hat. Die Drohungen von Maries Bruder, aber auch sein schlechtes Gewissen bewegen ihn zur Umkehr: Er bekennt sich zu seiner alten Bindung. Doch ein Wiedersehen mit Marie lässt den Wankelmütigen erneut zweifeln, die Gefühle des Mitleids scheinen stärker zu sein als die der Liebe. Als er daraufhin sein erneut gegebenes Heiratsversprechen wieder bricht, stirbt Marie aus Verzweiflung. Nun erst wendet sich Clavigo von der berechnenden Klugheit seines Freundes Carlos ab und wird sich endgültig seiner wahren Gefühle bewusst. An Maries Sarg wird er von ihrem Bruder im Duell tödlich verwundet. Sterbend erkennt er, dass er nun mit der Geliebten im Tod vereint ist.

Heinrich Leopold Wagner, Die Kindermörderin (1776)

Leutnant von Gröningseck, der im bürgerlichen Hause der Humbrechts zur Untermiete wohnt, hat ein Auge auf die Tochter der Familie geworfen. Es gelingt ihm, Evchen eines Abends zu verführen, nachdem er ihre Mutter mit einem Schlaftrunk betäubt hat. Obwohl ihm sein Regimentskamerad von Hasenpoth dringend abrät, will sich von Gröningseck nun gegen die Offizierskarriere und für eine Heirat mit Evchen entscheiden. Das Mädchen selbst versucht mittlerweile, ihre Schwangerschaft vor den Eltern zu verbergen. Da erreicht sie ein von Hasenpoth manipulierter Brief, in dem sich der geliebte Leutnant angeblich von ihr lossagt. Verzweifelt flieht Evchen Humbrecht aus dem Elternhaus. Bei einer mittellosen Lohnwäscherin bringt sie ihr Kind zur Welt, tötet es jedoch in einem Anfall von Panik, als sie erfährt, dass ihre Mutter vor Kummer gestorben ist und ihr Vater nach ihr fahndet. Am Ende wird sie als Kindesmörderin zum Tode verurteilt, vor dem auch Gröningseck sie nicht bewahren kann.

Otto Heinrich Freiherr von Gemmingen-Hornberg, Der teutsche Hausvater (1780)

Graf Wodmar kehrt nach längerer Reise auf sein Anwesen zurück. Erschüttert muss der gütige Vater erkennen, dass ihm seine erwachsenen Kinder wenig Freude bereiten. Sein Sohn Ferdinand hat Schulden und ist einem Duell feige ausgewichen, seine Tochter Sophie will sich von ihrem Mann, einem Grafen, scheiden lassen, und sein zweiter Sohn, Karl, hat ein Verhältnis mit der Tochter des Malers Lebock, einem bürgerlichen Mädchen namens Lottchen. Graf Wodmar ist fest entschlossen, solch leidenschaftliche Affären nicht zu dulden und das Mädchen finanziell zu entschädigen. Zunächst sieht es auch so aus, als würde Karl vor dem Willen des Vaters kapitulieren und in die Heirat mit der standesgemäßen Gräfin Amaldi einwilligen. Doch dann muss Graf Wodmar erkennen, dass Lottchen ein Kind erwartet und sich die beiden wirklich lieben. Zur Überraschung aller willigt er in eine Ehe seines Sohnes mit dem Mädchen ohne Vermögen und Stand ein, fordert aber, dass das Liebespaar seine nicht standesgemäße Verbindung fernab von der Gesellschaft auf einem seiner ländlichen Güter leben soll. Das Stück endet in Harmonie und allgemeiner Versöhnung: Der Vater macht nicht nur seinen Sohn Karl glücklich, er verzeiht auch dem anderen Sohn Ferdinand und rettet mithilfe seines Enkelkinds auch noch die Ehe seiner Tochter Sophie.

2. Einer der dargestellten literarischen Texte ist zwar ein bürgerliches Drama, aber kein Trauerspiel im engeren Sinne. Um welchen Text handelt es sich dabei? Begründen Sie Ihre Auswahl.

LEBEN AM HOF VON HERZOG CARL EUGEN

1. Benennen Sie Ereignisse in Schillers Biografie, die darauf hindeuten, dass der Verfasser von „Kabale und Liebe" mit den Zuständen und Gepflogenheiten am Hof Carl Eugens vertraut war.

2. Arbeiten Sie anhand der beiden Quellentexte heraus, wie sich das Leben am Hof Carl Eugens von Württemberg (1728–93) gestaltete und wie der Herzog seine Hofhaltung finanzierte.

© akg-images

Johann Friedrich Leybold, Herzog Carl Eugen von Württemberg (1782)

Giacomo Casanova (1725–98), Geschichte meines Lebens

Der Hof eines Landes, das nicht mehr als 600 000 Einwohner auf 155 Quadratmeilen zählte, wurde der prächtigste in Europa. Der Hofstaat umfasste 2000 Personen, unter denen sich 169 Kammerherren von Adel nebst 20 Prinzen und Reichsgrafen befanden. Wenn der Herzog auf Reisen ging, und er reiste leidenschaftlich gern, so bestand sein Gefolge aus 700 Personen und 610 Pferden. Die Feste drängten sich, Bälle, Konzerte, Schlittenfahrten, Jagden, Feuerwerke reihten sich aneinander und zogen Vornehme in Scharen an. Manchmal hat der Herzog 300 Personen von Rang wochenlang unterhalten und mit den feinsten und teuersten Leckerbissen bewirtet. Einzelne dieser Veranstaltungen kosteten 300 000 bis 400 000 Gulden, erhielten die Damen doch manchesmal dabei Geschenke im Werte von 50 000 Talern. Ganz besonders berühmt waren die Feiern, mit denen der Herzog seinen Geburtstag beging. 1763 war in Ludwigsburg bei dieser Gelegenheit eine Orangerie errichtet worden, die tausend Fuß lang war, sodass die Orangen- und Zitronenbäume hohe, gewölbte Gänge bildeten. Als die Eingeladenen sich in ihnen dem Schloss nähern, befinden sie sich plötzlich in Wolken, die sich aber auf einen Wink des Herzogs teilen und den Olymp mit allen Göttern sehen lassen. Zeus befiehlt, den Palast der Pracht zu errichten, worauf auch die letzte Wolke verschwindet und man im mittleren Schlosshof den Palast erblickt, den goldene Säulen tragen und 200 000 Kerzen und Lampen erleuchten.

In: Max von Boehn: Deutschland im 18. Jahrhundert. Berlin 1922, S. 454.

Christian Fr. D. Schubart, Teutsche Chronik auf das Jahr 1776

25. März 1776
Hier ist eine Probe der neuesten Menschenschatzung! – Der Landgraf von Hessen-Kassel bekommt jährlich 450 000 Taler für seine 12 000 tapferen Hessen, die größtenteils in Amerika ihr Grab finden werden. Der Herzog von Braunschweig erhält 65 000 Taler für 3964 Mann Fußvolks und 360 Mann leichter Reiterei, wovon ohnfehlbar sehr wenige ihr Vaterland sehen werden. 20 000 Hannoveraner sind bekanntlich schon nach Amerika bestimmt, [...]. Ein fruchtbarer Text zum Predigen für Patrioten, denen's Herz pocht, wenn Mitbürger [...] als Schlachtopfer in fremde Welten verschickt werden.

28. März 1776
Eine Sage: Der Herzog von Württemberg soll 3000 Mann an Engeland überlassen, und dies soll die Ursache seines gegenwärtigen Aufenthalts in London sein – !!!

Christian Fr. D. Schubart: Teutsche Chronik auf das Jahr 1776. Ulm [o. J.], S. 194, 201.

3. Belegen Sie mithilfe geeigneter Textstellen, dass Schiller in seinem Drama „Kabale und Liebe" indirekt die Hofhaltung seines Fürsten kritisiert.

4. Vergleichen Sie das Leben Herzog Carl Eugens mit der Vita einer / eines deutschen Adligen aus der heutigen Zeit, z. B. der Prinzessin Gloria von Thurn und Taxis. Welche Unterschiede, welche Parallelen werden deutlich?

MÄTRESSENWESEN AM WÜRTTEMBERGISCHEN HOF

Madame de Pompadour
Die wohl bekannteste Mätresse des 18. Jahrhunderts ist Madame de Pompadour (1721–64), die Favoritin des französischen Königs Ludwig XV., mit bürgerlichem Namen Jeanne-Antoinette Poisson. Sie verstand es, die Aufmerksamkeit des Monarchen gezielt auf sich zu lenken, ihn erotisch an sich zu binden und die Beziehung über die gemeinsame Teilhabe an kulturellen Ereignissen dauerhaft zu gestalten. Vor allem nahm sie Einfluss auf die auswärtige Politik, zum Beispiel auf Gesetze, strategische Planungen und die militärische Führung. Madame de Pompadour gilt aus heutiger Sicht als das Beispiel für eine Frauenkarriere des 18. Jahrhunderts.

1. Verbindungen wie die zwischen Madame de Pompadour und König Ludwig XV. fanden auch in den Fürstentümern Deutschlands ihre Nachahmung. Lesen Sie die Lebensläufe der beiden Mätressen und verfassen Sie in ähnlicher Weise einen Steckbrief über Lady Milford.

Wilhelmine von Grävenitz gilt als „die deutsche Pompadour". Sie war über 20 Jahre die Mätresse des Herzogs Eberhard Ludwig (1676–1733) und übte an seiner Seite als Landhofmeisterin und als Mitglied des „Geheimen Cabinetts" großen Einfluss auf die Geschicke des Landes aus. 1706 kam sie im Alter von 20 Jahren aus dem fernen Mecklenburg an den württembergischen Hof nach Stuttgart, wo sich eine dauerhafte Liebesbeziehung mit Herzog Eberhard Ludwig entwickelte. Dieser erhob sie zur Gräfin von Urach. Im Jahre 1707 heiratete sie der Herzog, obwohl er bereits eine Ehe mit Johanna Elisabeth von Baden-Durlach führte. Da diese die Scheidung verweigerte, wurde der Herzog der Bigamie bezichtigt und musste Wilhelmine von Grävenitz zwischenzeitlich in die Schweiz verbannen. Ab 1710 war sie aber wieder bei Hof und beteiligte sich aktiv an der Regierung. Bald wurde der Vorwurf der Günstlings- und Vetternwirtschaft gegen sie erhoben. Auch galt sie als eitel und machtbewusst. 1731 wandte sich der Herzog von ihr ab, sie wurde inhaftiert, durfte aber bald darauf das Land verlassen. Sie starb 1744 wohlhabend in Berlin.

Franziska von Hohenheim ist als Mätresse und spätere Ehefrau des Herzogs Carl Eugen (1728–93) bekannt geworden. Sie stammte aus kleinem Adel und wurde in jungen Jahren mit dem Freiherrn von Leutrum verheiratet. Über ihren Mann, den Kammerherrn des Herzogs, lernte sie Carl Eugen persönlich kennen. Nach ihrer Scheidung wurde sie 1772 seine offizielle Mätresse und Nachfolgerin seiner langjährigen Geliebten Catharina Bonafini. Zwei Jahre später wurde Franziska zur Reichsgräfin von Hohenheim erhoben und das ihr gebührende Gut Hohenheim wurde zu einer repräsentativen Schlossanlage ausgebaut. Fortan widmete sie sich der Gestaltung des dortigen Landschaftsgartens. Die Pietistin Franziska litt unter der als unmoralisch empfundenen außerehelichen Beziehung. Carl Eugen lebte zwar von seiner Frau Sophie von Brandenburg-Bayreuth getrennt, durfte sich aber nicht scheiden lassen. Deshalb konnte er Franziska erst nach Sophies Tod 1785 heiraten. Als gläubige und wohltätige Frau genoss Franziska von Hohenheim einen guten Ruf. Sie hatte einen mäßigenden Einfluss auf den Herzog, an ihrer Seite wandelte sich der unberechenbare und prunkliebende Despot zu einem aufgeklärten und verantwortlich handelnden Landesvater. Franziska von Hohenheim starb 1811 auf Schloss Kirchheim unter Teck, in das sie nach dem Tod des Herzogs gezogen war.

2. Bei der literarischen Gestaltung der Lady Milford könnten Schiller die Lebensumstände und Wesenszüge der beiden Mätressen als Vorbild gedient haben. Finden Sie Beispiele im Text, die diese Annahme belegen.

2. HANDLUNG UND FIGUREN

EINFÜHRUNG

Wie bereits im Vorwort dargelegt, ist die häusliche Lektüre einer Ganzschrift für heutige Schüler keine Selbstverständlichkeit mehr. Auch wenn „Kabale und Liebe" mit seinen Themen der Liebestragödie, der Intrige sowie der Konflikte zwischen den Schichten und Generationen durchaus den Nerv unserer Zeit trifft, stellt das Lesen eines komplexen dramatischen Texts, noch dazu wenn er in der fremd anmutenden Sprache des 18. Jahrhunderts geschrieben ist, eine für manch jungen Rezipienten kaum zu bewältigende Anforderung an Konzentration und Verstehensfähigkeit dar. Vor diesem Hintergrund kommt den Phasen vor und während der Lektüre eine entscheidende Bedeutung zu, bieten sie doch dem Schüler Orientierung in thematischer sowie handwerklicher Hinsicht und motivieren zu einer vertieften Auseinandersetzung.

In der Phase der Vorgestaltung wird anhand eines Textauszugs „das Herzstück" des Dramas, die Liebesbeziehung, beleuchtet. Für die anschließende Phase der Lektüre zu Hause bekommt der Schüler Strukturierungshilfen an die Hand, die ihm das Verständnis der dramatischen Komposition und der Hauptfiguren erleichtern. Unmittelbar nach der Lektüre kann die Rezeption mit einem Textkenntnistest überprüft werden.

Erst dann setzt die genaue Analyse des Handlungsverlaufs und der Figurenkonstellationen ein. Die entsprechenden Kopiervorlagen widmen sich den beiden entgegengesetzten Ständen und ihren Repräsentanten Musikus Miller und Präsident von Walter. Auch die Konfliktzone zwischen der bürgerlichen und der höfischen Welt mit den die Standesgrenzen überschreitenden Figuren Luise, Ferdinand, Wurm und Lady Milford wird genauer untersucht. Schließlich erfolgt eine Reflektion der Beziehung der Protagonisten und, mit der Frage nach der Tragfähigkeit ihrer Liebe, eine Anknüpfung an die Phase der Vorgestaltung zu Beginn der Unterrichtsreihe.

Lernziele

- Die Schüler erarbeiten Aufbau und Handlungsstruktur des Dramas.
- Sie analysieren die Hauptfiguren und deren Beziehungen zueinander.
- Sie erproben sich in analytischen wie auch produktionsorientierten Formen der Texterschließung.
- Sie setzen sich mit den unterschiedlichen Konventionen, Normen und Wertvorstellungen von Bürgertum und Adel auseinander.
- Sie erweitern ihr Wissen über relevante gesellschaftliche Entwicklungen des 18. Jahrhunderts.

Zur Kopiervorlage Seite 34: EIN LIEBESDRAMA

Will man textimmanentes Leseverstehen fördern, so muss eine Vorgestaltungsphase nicht unbedingt an sekundäres Vorwissen anknüpfen. Stattdessen kann direkt „in medias res" begonnen werden und ein repräsentativer Ausschnitt aus dem Primärtext herausgegriffen werden. Für „Kabale und Liebe" bietet sich ein Szenenausschnitt aus der Mitte des ersten Akts an, in dem die Protagonisten Luise und Ferdinand erstmalig auf der Bühne zusammentreffen und über ihre Liebe sprechen (I, 4). Diese Passage beinhaltet als „Drama en miniature" die Grundproblematik des Stücks, verrät jedoch nichts über dessen weiteren Fort- und Ausgang. Anhand dieses Textausschnitts kann nun mithilfe der aufeinanderfolgenden Rezeptionsstrategien „Informationsentnahme" (Aufgabe 1), „sinnlich-plastisches Verstehen" (Aufgabe 2) und „produktionsorientierte Vorausschau" (Aufgabe 3) die Voraussetzung für eine erfolgreiche Lektüre geschaffen werden: Die Schüler werden an das Kernthema herangeführt, ihre Neugierde wird geweckt und sie lernen das Lesen dramatischer Texte.

Die Lerngruppe wird zunächst ohne kontextuelle Situierung mit dem Text konfrontiert, indem sie in Einzelarbeit den darin enthaltenen Dialog zur Kenntnis nimmt und in Stichworten die Situation des Liebespaars skizziert.

In einem zweiten Schritt gilt es, den Textabschnitt szenisch zu interpretieren. Regieanweisungen werden dabei genauer betrachtet sowie Sprechakte und Körpersprache zueinander in Beziehung gesetzt. Dazu finden sich die Schüler in Gruppen zusammen, die jeweils aus zwei Tandems bestehen: Das eine Tandem bereitet den Lesevortrag vor, das andere gestaltet dessen Visualisierung in einer Abfolge von mehreren Standbildern. Die anschließende Präsentation von mindestens zwei Gruppen schafft die Grundlage für eine vergleichende Analyse im Plenum. Durch die jeweilige Stimm-Modulation und die Choreografie der Standbilder gewinnt der Dialog an Plastizität, die verschiedenen Stimmungen und Gefühlsbewegungen werden stärker konturiert. Die Analyseergebnisse lassen sich darüber hinaus dadurch festigen und vertiefen, dass Sie aus dem Drama das Ende der Szene I, 4 vorlesen.

Ferdinands selbstherrlicher Absolutheitsanspruch an die Liebe und seine Befürchtung, dass Luise diesem nicht gerecht werden kann, sind ein bekräftigendes Indiz für die Unausgewogenheit der Liebesbeziehung: „Ich fürchte nichts – nichts – als die Grenzen deiner Liebe. Lass auch Hindernisse wie Gebürge zwischen uns treten, ich will sie für Treppen nehmen und drüber hin in Luisens Arme fliegen" (I, 4; S.16, Z. 22–25). Am Ende aber verkehren sich die Akzente des bisherigen Gesprächsverlaufs. Nun wird Luise die bestimmende Figur, die Ferdinand unterbricht, ihn zum Schweigen auffordert und mit großem Pathos die Leidenschaftlichkeit ihrer Liebe zum Ausdruck bringt. Mit diesem Bekenntnis zum Eros übersteigt Luise das Rollenklischee des zaghaft sittsamen Bürgermädchens und wird zu einem Menschen aus Fleisch und Blut – eine Wendung, die den folgenden produktiven Schreibauftrag noch ergiebiger machen dürfte.

Die dritte, produktionsorientierte Aufgabe soll die Lerngruppe für die anschließende häusliche Lektüre motivieren. Der kreativ skizzierte Ausblick auf den Fortgang des Liebesdramas schafft die Möglichkeit, während des Lesens die eigene Version eines Liebesdramas Akt für Akt mit dem Originalstück zu vergleichen. Die Orientierung am Pyramidenschema hat den Vorteil, dass den Schülerentwürfen eine vergleichbare Struktur zugrunde gelegt wird, die zudem zu einer ersten Auseinandersetzung mit den Gesetzmäßigkeiten des Dramas zwingt. Bei der Präsentation der Entwürfe ist es interessant, ob die Schüler eher äußere Einflüsse auf die Liebesbeziehung oder vielmehr deren innere Unausgewogenheit berücksichtigen.

Lösung

Aufgabe 1

Nach einem ersten Lesedurchgang mit Blick auf Situation und dargestellte Figuren können folgende Informationen ermittelt werden:

	Liebespaar	
	Edelmann (Z. 24)	Bürgerliches Mädchen (Z. 13)
1. Akt	• stürmisch • misstrauisch („Rede mir Wahrheit“, Z. 8) • beseelt von der Kraft der Liebe („Wer kann den Bund zwoer Herzen lösen“, Z. 23 f.)	• passiv, matt • sieht die Liebe bedroht (Liebe hinderlich für Ferdinands Ruhm / Karriere, Z. 20 f.) • Trennungsängste (Z. 21 f.) • fürchtet Ferdinands Vater (Z. 28)

Aufgabe 2

Es sollte herausgearbeitet werden, dass sich in den harmonischen Einklang der Liebesbeziehung – Ferdinand spricht von den „Töne[n] eines Akkords“ (Z. 24) – in mehrfacher Hinsicht Dissonanzen mischen. Eine Analyse der Körpersprache zeigt ein klares Gefälle zwischen Macht und Ohnmacht (Eingangsbild, Z. 2), durch die wechselnde Abfolge von Hin- und Abwendung wirkt die Beziehung inkonstant.

Diese Unausgewogenheit wird auch im Rahmen der Sprachbetrachtung deutlich. Ferdinands Überlegenheit und Sprachgewalt manifestieren sich quantitativ in einem höheren Redeanteil, qualitativ in bildreichen interrogativen und appellativen Sprechakten: Der Mann ist es, der die Fragen stellt, der die Geliebte wie in einem Verhör zur wahren Antwort auffordert (Z. 8) und sie wie ein Kind zurechtweist (Z. 17 f.). Wie die Zunahme von Suggestivfragen erkennen lässt, ist ihm nicht wirklich an einer Antwort seines Gegenübers gelegen. Luises Antworten sind entsprechend kurz, einmal schweigt sie ganz (Z. 12). Ihre düsteren Ahnungen stößt sie in abgehackten Ausrufen hervor.

Die Beziehung ist also nicht nur von außen gefährdet (z. B. durch Ferdinands Vater), sondern erweist sich auch von innen heraus als asymmetrisch und instabil. Trotz seiner großen Liebe zu Luise neigt Ferdinand dazu, dominant und besitzergreifend zu sein („Du bist meine Luise! Wer sagt dir, dass du noch etwas sein solltest“; Z. 14 f.). Seine Eifersucht, die die Intrige erst ermöglichen wird, klingt hier bereits an und spiegelt sich in seinem Anspruch auf Transparenz („Ich schaue durch deine Seele, wie durch das klare Wasser dieses Brillanten“; Z. 8 f.) und seinen bohrenden Fragen wider. Luise wirkt dagegen zaghaft, ihre Trennungsängste sind aufgrund des Standesunterschieds durchaus realistisch und zeigen etwas von der Einsicht, der Liebe zu Ferdinand auf Erden zu entsagen.

Mögliches Tafelbild:

	Der adlige Ferdinand		**Die bürgerliche Luise**
Analyse Körpersprache	fliegt auf sie zu (= stürmisch, initiativ) → Macht	*Eingangsbild → Kontrast*	sinkt entfärbt und matt auf einen Sessel (= passiv) → Ohnmacht
	ihre Hand nehmend und zum Munde führend	*Gesprächsverlauf → Zuwendung*	fällt ihm um den Hals
	befremdet, springt auf	*Schluss → Entfernung*	lässt plötzlich seine Hand fahren
Analyse Sprache	hoher Redeanteil (17 Zeilen)		geringer Redeanteil (9 Zeilen)
	Fragen („Verhör“), Appelle (Aufforderungen, Zurechtweisungen), Suggestivfragen (d. h. kreist um sich selbst)	*asymmetrische Beziehung*	einsilbige Antworten, Schweigen, abgehackte Ausrufe, vage Ahnungen (d. h. schaut nach vorne)
Fazit / Deutung	in seiner Vorstellung von Liebe dominant und ohne Zweifel; gegenüber Luise misstrauisch, eifersüchtig, besitzergreifend, leidenschaftlich		lässt sich von Ferdinands Sprachgewalt zunächst betören, aber ist sich des Standesunterschieds bewusst; Zweifel am gemeinsamen Glück, Trennungsängste

Zur Kopiervorlage Seite 35: KOMPOSITIONSPRINZIPIEN DES DRAMAS

Diese Kopiervorlage ermöglicht es den Schülern, während der Lektüre den Aufbau des Dramas zu strukturieren und sich einen Überblick über den Handlungsverlauf zu verschaffen. Dabei zeichnen sie die Entwicklung der unglücklichen Liebesgeschichte von der Exposition über die Peripetie bis hin zur Katastrophe nach.

Die Zuordnung des Personals nach Standeszugehörigkeit dient einer ersten Orientierung. Das Aufeinandertreffen zweier Lebenswelten und das Konstruktionsprinzip des Gegensatzes werden dabei bereits angedeutet. Wichtig ist, dass die Schüler zwischen Adligen und Bürgerlichen unterscheiden, dabei auf Anredeform und Adelsprädikat achten und fremde Begriffe klären. Die Vorgabe des Kriteriums der Standeszugehörigkeit macht eine eindeutige Zuordnung möglich. Jedoch sollte im Rahmen einer vertieften Erarbeitung deutlich werden, dass Lebenswelt und innere Haltung der Figuren z.T. auch eine andere Gruppierung erfordern (z. B. ließe sich Wurm dann trotz seiner bürgerlichen Herkunft der höfischen Welt zuordnen, vgl. hierzu auch KV „Konfliktfeld zwischen bürgerlicher und höfischer Welt", S. 45).

In der zweiten Aufgabe wird anhand einer Vorlage zunächst die Struktur des ersten Akts erarbeitet. Lektürebegleitend erstellen die Schüler dann auch für die übrigen vier Akte jeweils ein DIN-A5-Blatt, auf dem sie die Szenen den Lebenswelten zuordnen. Indem die Schüler auf einem Plakat die einzelnen Akte zueinander in Beziehung setzen, erhalten sie einen genauen Überblick über den Handlungsverlauf und die Bauform des Dramas mit der Trias „Exposition – Peripetie – Katastrophe" sowie den vermittelnden Akten der Steigerung und Verzögerung (vgl. auch Lothar Pikulik: „Handlung". In: Norbert Greiner u. a.: Einführung ins Drama. Handlung – Figur – Szene – Zuschauer, Bd. 1. München 1982, S. 158 – 169). So bauen die Schüler die Dramenpyramide von Gustav Freytag sukzessive nach.

Einige besonders gelungene Plakate können aufgehängt und für die spätere Analysearbeit herangezogen werden. Als gemeinsame Arbeitsgrundlage kann auch die auf der Kopiervorlage „Die Handlungsstruktur" (S. 39) dargestellte Übersicht dienen, die jedoch erst nach dem Textkenntnistest (KV S. 37 / 38) ausgeteilt werden sollte.

Während der Bearbeitung der dritten Aufgabe könnte aufmerksamen Schülern auffallen, dass mit Lady Milford im zweiten Akt eine neue Figur und damit ein weiterer grundlegender Konfliktstoff eingeführt wird. Die Exposition reicht folglich in den zweiten Akt hinein. Dies bestätigt die auf der Kopiervorlage zitierte Brockhaus-Definition, die besagt, dass die Exposition „ungefähr den ersten Akt" umfasst.

Lösung

Aufgabe 1

Worterläuterungen:

Präsident: Vorsitzender des Ministerkollegiums

Major: Kommandeur eines Bataillons

Hofmarschall: hochadliger Hofbeamter, der das Hofleben organisiert, wichtigster Mann im Hofstaat nach dem Fürsten und dem Präsidenten

Favoritin: Geliebte, Mätresse

Haussekretär: Privatsekretär

Stadtmusikant, Kunstpfeifer: in einer Zunft organisierter Musiker

Kammerjungfer: Zimmermädchen

Höfische Welt	Bürgerliche Welt
• Präsident von Walter • Ferdinand von Walter • Hofmarschall von Kalb • Lady Milford	• Wurm • Miller • dessen Frau • Luise • Sophie • Kammerdiener des Fürsten

Aufgabe 2

a) In der Exposition stehen sich die niedere Welt des Bürgertums und die höhere Welt des Adels mit jeweils drei Szenen diametral gegenüber. Den Schnittpunkt bildet die Liebesbeziehung zwischen dem Adligen Ferdinand und der Bürgerstochter Luise. Der gemeinsame Auftritt des Liebespaars findet genau in der Mitte des ersten Akts statt.

Höfische Welt Saal des Präsidenten	
I, 7 Präsident – Ferdinand:	Der Präsident verlangt von Ferdinand, Lady Milford zu heiraten.
I, 6 Präsident – Hofmarschall v. Kalb:	Der Heiratsplan des Präsidenten wird öffentlich.
I, 5 Präsident – Wurm:	Der Präsident plant eine Heirat zwischen Ferdinand und Lady Milford; der Präsident und Wurm bewerten die Beziehung zwischen Ferdinand und Luise unterschiedlich.
I, 4 Ferdinand – Luise:	Es wird deutlich, dass Luise und Ferdinand unterschiedliche Vorstellungen von ihrer Liebe und Beziehung haben.
I, 3 Vater Miller – seine Frau – Luise:	Vater Miller erklärt, dass er Luise für Ferdinand nicht freigeben wird.
I, 2 Vater Miller – seine Frau – Wurm:	Wurms Plan, Luise zu heiraten, scheitert.
I, 1 Vater Miller – seine Frau:	Luises Eltern haben unterschiedliche Ansichten über die Liebe zwischen Luise und Ferdinand.
Zimmer beim Musikus Bürgerliche Welt	

b) Das besondere Kompositionsprinzip des Dramas wird bereits in der Exposition deutlich: Über eine differenzierte Betrachtung lässt sich aufschlüsseln, wie die Verschränkung von Gegensatz und Symmetrie das Konfliktpotenzial der Liebe zwischen Ferdinand und Luise steigert. Als Repräsentanten der im Gegensatz zueinander stehenden Stände beherrschen Musikus Miller und Präsident von Walter die jeweiligen Szenen. Beide agieren als Väter, die der Liebe zwischen ihren Kindern ablehnend gegenüberstehen, allerdings auf unterschiedliche Weise: Der eine bezieht sich auf seine Ohnmacht als Bürgersmann („ich kann dir ihn nimmer geben", I, 3; S. 14, Z. 9), der andere will mit Macht eine andere Verbindung durchsetzen („Du wirst bei der Lady sein, sobald die Parole gegeben ist", I, 7; S. 27, Z. 20 f.). In beiden Lagern tritt Sekretär Wurm auf, jedoch mit unterschiedlichem Erfolg. Auf der bürgerlichen Ebene missrät sein Heiratsantrag, in den höfischen Gefilden aber gelingt es ihm, das Misstrauen des Präsidenten gegenüber seinem Sohn zu wecken.

Dass die Liebe zwischen Ferdinand und Luise nicht nur durch äußere Umstände gefährdet ist, zeigt sich im Mittelteil des Akts, wenn beim Aufeinandertreffen des Liebespaars das Prinzip von Gegensatz und Symmetrie von innen heraus gespiegelt wird: Ferdinand ist adlig, Luise bürgerlich, aber beide lieben sich; Luise fürchtet das Überschreiten der Standesgrenzen, für Ferdinand ist gerade dieser Übertritt ein Beweis für die Unbedingtheit seiner Liebe. Am Ende der Szene macht er sich noch einmal für die Idee von der absoluten Liebe stark („An diesem Arm soll meine Luise durchs Leben hüpfen, [...]“, I, 4; S. 16, Z. 35 f.), Luise kann sich zum Schluss ihrer eigenen Körperlichkeit nicht mehr erwehren („Wilde Wünsche – ich weiß es – werden in meinem Busen rasen“, I, 4; S. 17, Z. 11 f.).

Aufgabe 3

a) Auffällig ist, dass auch die zwei folgenden Akte in ihren Schauplätzen dualistisch konzipiert sind: Im zweiten Akt steht die Bürgersstube der Millers dem Palais der Lady Milford gegenüber, im dritten Akt dem Palast des Präsidenten. Der vierte Akt spielt dagegen ausschließlich in der Welt des Adels, zum einen im Saal des Präsidenten, zum anderen in einem prächtigen Saal bei der Lady. Der fünfte Akt findet schließlich nur noch an einem Handlungsort statt, und zwar in einem düsteren Zimmer der Familie Miller, in dem sich die (bürgerliche) Katastrophe vollzieht.

b) Einen über die hier gestellte Aufgabe hinausgehenden Überblick bietet die Kopiervorlage „Die Handlungsstruktur“ auf S. 39.

c) Weitere Beispiele für Gegensätze sind:
- die Kabale-Handlung – die Liebes-Handlung
- Ferdinands egoistische, eifersüchtige Haltung – Luises altruistische, entsagende Haltung
- die Ambivalenz der Lady Milford als unmoralische Mätresse und tief fühlende Lady
- die die Verhaltensweisen des Adels stützende Kammerjungfer Sophie – der dem höfischen Leben kritisch gegenüberstehende Kammerdiener
- der prächtige Saal der Lady Milford im vierten Akt – das dunkle Zimmer bei den Millers im fünften Akt

Weitere Beispiele für Symmetrien sind:
- die rhythmisch wiederkehrenden Begegnungen des Liebespaars
- der regelmäßige Wechsel zwischen bürgerlicher und höfischer Welt
- die symmetrisch um den Mittelakt gruppierten Auftritte der Lady Milford (Anfang zweiter Akt / Ende vierter Akt)
- die aufeinanderfolgende Begegnung der vermeintlichen Rivalen im ersten und zweiten Teil des vierten Akts: Ferdinand sieht im Hofmarschall einen erfolgreichen Nebenbuhler (IV, 1 – IV, 4), Luise und Lady Milford stehen sich als Konkurrentinnen gegenüber (IV, 6 – IV, 8)

d) Beim Aufzeigen des Wendepunkts des Dramas sollte zwischen einer inneren und einer äußeren Peripetie unterschieden werden. Die äußere Peripetie bezieht sich auf die äußere Handlung, die Intrige. Hier findet der Umschwung statt, als Luise den fingierten Brief schreibt (III, 6) und die Kabale somit perfekt ist. Die innere Peripetie steht in direktem Zusammenhang mit dem inneren Konflikt des Liebespaars. Der Wendepunkt ereignet sich hier, als Ferdinand Luise verdächtigt, einen anderen Geliebten zu haben (III, 4). Bemerkenswert ist dabei die Reihenfolge: Die Beziehung gerät in eine Krise und leistet somit dem Gelingen der Kabale Vorschub (vgl. KV „Die Handlungsstruktur“, S. 39).

Zur Kopiervorlage Seite 36: DIE HANDELNDEN PERSONEN

Während das Strukturieren des Dramas eine eher kognitive Herausforderung darstellt, erfordert die Erstellung der Figurenprofile die Fähigkeit, sich in die einzelnen Personen und ihre jeweilige Situation einzufühlen. Geforderte Details, wie z. B. Altersangaben, verlangen nicht nur ein sorgfältiges Lesen, sie führen zudem bewusst weg von der Rezeption eines „alterslosen Klassikers“ hin zu der konkreten Auseinandersetzung mit einem Text des 18. Jahrhunderts.

Damit die Schüler eine vollständige Übersicht über die wichtigsten Figuren des Dramas bekommen, sollten die auf der Kopiervorlage vorgegebenen Steckbriefe auf folgende weitere handelnde Personen übertragen werden: Lady Milford, Frau Miller, Herr Wurm, Herr von Kalb.

Lösung

Luise Miller

Stand / Beruf: bürgerliche Tochter, ledig; Alter: 16 Jahre (IV, 7; S. 85, Z. 1); Äußeres: Schönheit wird mehrfach betont (z. B. I, 5; S. 17, Z. 31–33), blond; Wer oder was ist ihr wichtig? Ferdinand, ihr Vater; Wünsche / Ziele / Träume: ein Leben mit Ferdinand (wenn auch nur im Jenseits) (z. B. I, 3; S. 14, Z. 10–23); Charakter: fromm, passiv, liebevoll, klug.

Vater Miller

Stand / Beruf: bürgerlicher Stadtmusikant in der Position des Musikmeisters (Personenverzeichnis; S. 3); Alter: 60 Jahre (V, 2; S. 103, Z. 16); Äußeres: graue Haare (V, 1; S. 98, Z. 35 f. / V, 2; S. 103, Z. 12); Wer oder was ist ihm wichtig? seine Tochter; Fähigkeiten: gute Auffassungsgabe; kann sich in Situationen und Personen hineinversetzen; Charakter: aufbrausend, derb, „poltert“ gern, ehrlich, mutig, liebevoll (gegenüber seiner Tochter), geringschätzig (gegenüber seiner Frau).

Ferdinand von Walter

Stand / Beruf: adliger Major; Alter: Anfang 20 (I, 7; S. 24, Z. 9); Äußeres: trägt Uniform (I, 7; S. 24, Z. 10) und Degen (z. B. II, 3; S. 35, Z. 35); Ängste: Angst, dass Luise ihn nicht so sehr liebt wie er sie (I, 4; S. 16, Z. 22 f.); Wünsche / Ziele / Träume: Leben ohne Standesgrenzen; Fähigkeiten: Hang zur sprachlichen Übertreibung; sieht die Dinge absolut; Charakter: impulsiv, mutig, kompromisslos, eifersüchtig.

Herr von Walter
Stand / Beruf: adliger Hofbeamter; Alter: 50 Jahre (I, 7; S. 24, Z. 30); Äußeres: trägt ein Ordenskreuz (I, 5; S. 17, Z. 18); Wer oder was ist ihm wichtig? sein Sohn (V, 8; S. 121, Z. 32 – S. 122, Z. 5); Ängste: Bekanntwerden seiner Missetaten (III, 1; S. 56, Z. 27 f.); Wünsche / Ziele / Träume: Nähe zum Herzog (I, 5; S. 19, Z. 11 – 23), Karriere des Sohnes (I, 7; S. 24, Z. 5 – 16); Charakter: autoritär, machtbesessen, skrupellos.

Lady Milford
Stand / Beruf: britische Adlige, heißt eigentlich Johanna Norfolk (IV, 9; S. 93, Z. 23), Mätresse des Herzogs; Alter: 23 Jahre (mit 14 Jahren geflohen, sechs Jahre in Hamburg; II, 3; S. 38, Z. 4 – 6, Z. 13 und Z. 19; danach drei Jahre beim Herzog; IV, 9; S. 93, Z. 16); Wer oder was ist ihr wichtig? das Volk (z. B. II, 2), Ferdinand (II, 3); ein standesgemäßer Lebensstandard (IV, 6; S. 83, Z. 18 – 26); Fähigkeiten: Einflussnahme auf die Politik des Fürsten (II, 3; S. 39, Z. 28 – S. 40, Z. 1); Charakter: stolz, leidenschaftlich, gutherzig.

Frau Miller
Stand / Beruf: bürgerliche Ehefrau und Mutter; Wer oder was ist ihr wichtig? Luxus, Genusssucht (Kaffee, Tabak; I, 1; S. 7, Z. 28 f.); Wünsche / Ziele / Träume: Hoffnung auf gesellschaftlichen Aufstieg durch die Tochter (z. B. I, 2); Charakter: naiv, dümmlich, eitel; ist imstande, gegen ihren Mann gerichtlich vorzugehen (I, 2; S. 10, Z. 27 – 30).

Herr Wurm
Stand / Beruf: bürgerlicher Hofbeamter, Sekretär; Äußeres: rothaarig, kleine Augen, hervortretendes Kinn (I, 2; S. 11, Z. 32 – 34); Wünsche / Ziele / Träume: Karriere, Luise als Ehefrau; Fähigkeiten: die Schwächen anderer ausnutzen, andere gegeneinander ausspielen; Charakter: rational, feige, hinterhältig.

Herr von Kalb
Stand / Beruf: adliger Hofbeamter, der das Hofleben organisiert; Äußeres: übertrieben vornehm gekleidet (I, 6; S. 21, Z. 2 – 6); Wer oder was ist ihm wichtig? Äußerlichkeiten, Zeremonien, Etikette; Charakter: affektiert, feige, dekadent, leicht manipulierbar.

Zu den Kopiervorlagen Seiten 37 / 38: TEXTKENNTNISTEST

Mithilfe des Tests können Sie die Lektürekenntnis der Schüler überprüfen. Dabei werden lediglich Inhalte zu Aufbau, Handlung und Figuren abgefragt, die den Schülern nach erfolgreicher Lektüre und Bearbeitung der bisherigen Aufgaben (KV S. 34 – 36) bekannt sein dürften. Ein grundsätzliches Textverständnis sowie einige wenige Detailkenntnisse werden also vorausgesetzt.

Insgesamt können 20 Punkte erzielt werden. Zusätzlich erfahren Sie, wie der Text den Schülern gefallen hat (Frage 17).

Lösung
1. Unter einer Exposition versteht man den ersten Teil einer dramatischen Handlung, in dem der dramatische Konflikt entwickelt wird. Sie umfasst in der Regel den ersten Akt.
2. Gegensatz: z. B. unterschiedliche Stände – Adel und Bürgertum; Symmetrie: z. B. je zwei Heiratsalternativen – für Luise Ferdinand und Wurm, für Ferdinand Luise und Lady Milford
3. ein veraltetes Wort für eine Intrige
4. ein bürgerliches Trauerspiel aus dem 18. Jahrhundert
5. Die Mutter fühlt sich geschmeichelt, dass Ferdinand ihrer Tochter den Hof macht. – Vater und Mutter halten beide nicht viel vom Sekretär.
6. Er hat sich sein Amt mit unrechtmäßigen Mitteln erschlichen.
7. Peripetie bedeutet Umschwung der Handlung. Die entscheidende Wendung in der Beziehung des Liebespaars vollzieht sich, als Ferdinand Luise aus Eifersucht verdächtigt, eine Liebschaft zu haben.
8. Sie ist eine Britin aus dem Geschlecht der Norfolk. – Sie liebt Ferdinand. – Sie liebt das Volk.
9 a) Ferdinands Eifersucht muss geschürt werden, Luise muss verdächtig erscheinen. b) Luises Vater wird festgenommen und mit der Todesstrafe bedroht. c) Aus Liebe zu ihren Eltern / zu ihrem Vater wird Luise gezwungen, einen Liebesbrief an einen fingierten Geliebten (Hofmarschall von Kalb) zu schreiben. d) Luise schwört einen Eid, nichts von der Intrige zu verraten, ihr christlicher Glaube zwingt sie zum Schweigen.
10. Hofmarschall von Kalb
11. Die Eltern werden in Haft genommen. – Die Mutter kommt ins Spinnhaus.
12. Er will sich zunächst mit ihm duellieren. – Er stößt ihn mit Verachtung zur Tür hinaus.
13 a) Sie beendet ihr Verhältnis mit dem Herzog. b) Sie schreibt ihm einen Abschiedsbrief. c) Sie verteilt ihr Geld unter der Dienerschaft. d) Sie verlässt das Land.
14. Er schenkt Luises Vater einen Beutel Goldstücke. – Er bittet Luises Vater, dem Präsidenten ein Schreiben zu überbringen. – Er will ein Glas Limonade trinken. – Er fragt Luise, ob sie einen Brief an einen anderen Mann geschrieben hat. – Er kommt, um Luise umzubringen.
15. Luise versteht unter dem „dritten Ort“ das Grab. Sie will Selbstmord begehen. Auch Ferdinand soll sich umbringen, damit sie sich im Jenseits wiedersehen.
16 a) Der Präsident gibt Wurm die Schuld. b) Wurm will alle Verbrechen des Präsidenten aufdecken. c) Der Präsident bittet seinen sterbenden Sohn um Vergebung.

Zur Kopiervorlage Seite 39:
DIE HANDLUNGSSTRUKTUR

Im Anschluss an die Überprüfung der Lektürekenntnis können Sie den Schülern das auf dem Arbeitsblatt abgebildete Schaubild austeilen, das einen Überblick über die Handlung gibt und darüber hinaus verdeutlicht, dass das Drama dualistisch aufgebaut ist: Zwei Welten stehen sich gegenüber – der höfische Adel um den Präsidenten von Walter einerseits und die bürgerliche Familie, vertreten durch den Hausvater Miller, andererseits (vgl. Spalte „Personen / Bereiche"). Dazwischen befindet sich die Kontakt- und Konfliktzone, die der tragischen Liebesbeziehung zwischen dem adligen Ferdinand und der Bürgerstochter Luise Raum gibt.

Als Einstieg bietet sich ein Gespräch über den Titel des Dramas an: Erscheint den Schülern die (durch den Schauspieler Iffland angeregte) Titelwahl geeignet? Wo finden sich die beiden dort genannten Themen im Drama wieder? Durch die Auseinandersetzung mit diesen Fragestellungen werden sich die Schüler bewusst, dass dem Titel des Dramas entsprechend zwei verschiedene Handlungen miteinander konkurrieren: Die Kabale-Handlung führt zum äußeren Konflikt, der innere Konflikt ereignet sich in der Liebes-Handlung.

Der innere Konflikt tritt in den drei Szenen, in denen das Liebespaar allein aufeinandertrifft, sukzessive zutage: In der Exposition ist der Gegensatz zwischen den Liebenden noch latent (I, 4), im dritten Akt wird er akut (III, 4), am Ende manifestiert er sich in Tod und Versöhnung (V, 7).

Auch die Kabale-Handlung ist in ihrer Entwicklung dreistufig: Die Intrige wird zunächst ausgeheckt (III, 1), dann vorbereitet (III, 2; III, 3) und schließlich durchgeführt (III, 5; III, 6).

Wie aus dem Schaubild hervorgeht, laufen beide Handlungen aufeinander zu, im Mittelakt kreuzt die horizontal verlaufende Liebes-Handlung die vertikal verlaufende Kabale-Handlung.

Der äußere Konflikt ist nur deshalb von Erfolg gekrönt, weil in der Mitte des dritten Akts der innere Konflikt der Liebesbeziehung zum Ausbruch kommt: In einem Anfall von Eifersucht legt Ferdinand Luises starke Anbindung an ihr Elternhaus als Indiz für mögliche Untreue aus (III, 4). Erst dieser Umschwung in der Liebes-Handlung (= innere Peripetie) ist die Voraussetzung für das Gelingen der Kabale. Der erzwungene Liebesbrief am Ende des dritten Akts (= äußere Peripetie) leitet schließlich die Katastrophe ein, ist er doch die passgenaue Antwort auf Ferdinands Eifersucht. Hat Ferdinand Luise im dritten Akt noch ewige Treue geschworen, beschließt er im vierten Akt, den vermeintlichen Beweis für Luises Treulosigkeit in Händen, die Geliebte zu töten. Im Schlussakt setzt er dieses Vorhaben schließlich in die Tat um. Die Krise des Liebespaars ist also der zentrale Auslöser für die weitere Handlung, die Liebe selbst steht somit auf dem Prüfstand.

Um die Mittelachse herum sind die Auftritte der Lady Milford nach den Prinzipien der Steigerung und der Verzögerung gruppiert. Im zweiten Akt schürt das unerwartete Liebesbekenntnis zu Ferdinand (II, 3) den dramatischen Konflikt. Im vierten Akt retardiert das bewegende Gespräch zwischen Lady Milford und ihrer Rivalin (IV, 7) mit dem Liebesverzicht als Konsequenz den dramatischen Gang in die Katastrophe. Beide Auftritte der Lady haben zudem eine politische Dimension, in den Kammerdienerszenen (II, 2; IV, 9) enthüllen sie die Willkürherrschaft des Fürsten.

Die Dramenhandlung findet zunächst in der bürgerlichen Welt des Hausvaters Miller statt und setzt sich in der höfischen Welt im Saal des Präsidenten und im Palais der Lady Milford fort. Im zweiten Akt wechselt der Saal im Palais der Mätresse wieder mit der Stube des Musikus Miller. Hier prallen die Stände mit dem Vordringen des Präsidenten aufeinander. Die Kabale-Handlung des dritten Akts wird in der höfischen Welt entfaltet und in der bürgerlichen erfolgreich durchgeführt. Der vierte Akt spielt ganz im höfischen Zirkel, wenn die vermeintlichen Rivalen, zunächst Ferdinand und der Hofmarschall, dann Luise und Lady Milford, aufeinandertreffen. Der fünfte Akt spielt dagegen ausschließlich in der bürgerlichen Welt. Das ins Dunkel des Abends getauchte Zimmer der Millers steht in scharfem Kontrast zum prächtigen Saal der Lady aus dem vorangegangenen Akt. Die Katastrophe, die sich im Finale ereignen wird, wird somit bereits angedeutet. Im gesamten Drama begegnet sich das Liebespaar ausschließlich in der bürgerlichen Welt.

Mögliches Tafelbild

Gang der Handlung: Überblick

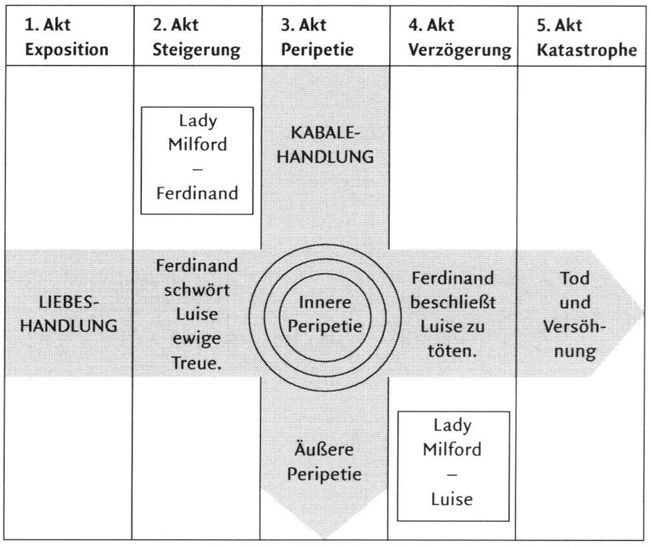

1. Akt Exposition	2. Akt Steigerung	3. Akt Peripetie	4. Akt Verzögerung	5. Akt Katastrophe
	Lady Milford – Ferdinand	KABALE-HANDLUNG		
LIEBES-HANDLUNG	Ferdinand schwört Luise ewige Treue.	Innere Peripetie	Ferdinand beschließt Luise zu töten.	Tod und Versöhnung
		Äußere Peripetie	Lady Milford – Luise	

Zur Kopiervorlage Seite 40: DER BÜRGERLICHE HAUSVATER UND SEINE FAMILIE

Mit dieser Kopiervorlage beginnt die genaue Analyse einzelner Dramenfiguren. Dem Handlungsverlauf des Stücks entsprechend, wird zunächst in die bürgerliche Welt eingeführt. Im Mittelpunkt steht dabei Vater Miller als Repräsentant des Bürgertums. In den ersten drei Szenen des ersten Akts agiert Miller als Hausvater. Diese Rolle entspricht, sieht man einmal von seinem derb polternden Verhalten ab, den bürgerlichen Idealvorstellungen Ende des 18. Jahrhunderts. Dies ist auch an weiteren Trauerspielen und Rührstücken der damaligen Zeit erkennbar (vgl. KV „Die Anfänge des bürgerlichen Trauerspiels", S. 13 / 14). Vertiefend bietet sich eine Analyse des unterschiedlichen Sprachduktus der Eheleute Miller an (vgl. KV S. 53), in dem sich Millers Standesbewusstsein widerspiegelt.

Der Begriff des Hausvaters ist heute veraltet und lässt sich für gängige Väterrollen nicht mehr verwenden. Daher sollte der Begriff zunächst in einem aktuellen Kontext genauer betrachtet werden (vgl. Möglicher Einstieg).

Möglicher Einstieg

Die zentrale Position des Hausvaters Miller steht in starkem Kontrast zur Situation heutiger Väter. Daher ist es sinnvoll, über ein Brainstorming zum Begriff „Hausvater" in die Thematik einzusteigen. Im DWDS (Digitalen Wörterbuch der deutschen Sprache im 20. Jh. unter *www.dwds.de*) wird der Begriff folgendermaßen erklärt: HAUSVATER – 1. Verwalter einer öffentlichen Einrichtung, in der Personen wohnen, übernachten, Heimleiter, z. B. der Hausvater eines Alters-, Erholungsheims, einer Jugendherberge; 2. veraltend Familienvater, z. B. ein guter, strenger, treuer Hausvater.

Dabei sollte die veraltete Bedeutung, die in der Lektüre zugrunde zu legen ist, zunächst in den Hintergrund gestellt werden; modernere Vorstellungen (z. B. „Herbergsvater", „Hausmeister" oder „Hausmann") können in einer Diskussion über heutige Väterrollen wie Ernährer, (Allein-)Erzieher, Teilzeitvater, Patchworkfamilienvater oder abwesender Vater aufgegriffen und vertieft werden. Auf diese Weise wird den Schülern der drastische Wandel der Familienstrukturen im 20. Jahrhundert vor Augen geführt. Eine idealtypische Beschreibung des Hausvaters im 18. Jahrhundert finden Sie im Infokasten am Ende dieser Seite.

Lösung

Aufgabe 1

(1) I, 1; S. 8, Z. 6–10
(2a)/(2b) I, 1; S. 7, Z. 28–33
(3) I, 3; S. 14, Z. 6–9
(4) I, 2; S. 12, Z. 10–16
(5) I, 2; S. 9, Z. 29–31
(6) I, 1; S. 5, Z. 7–11
(7) I, 2; S. 11, Z. 9–15

Aufgabe 2

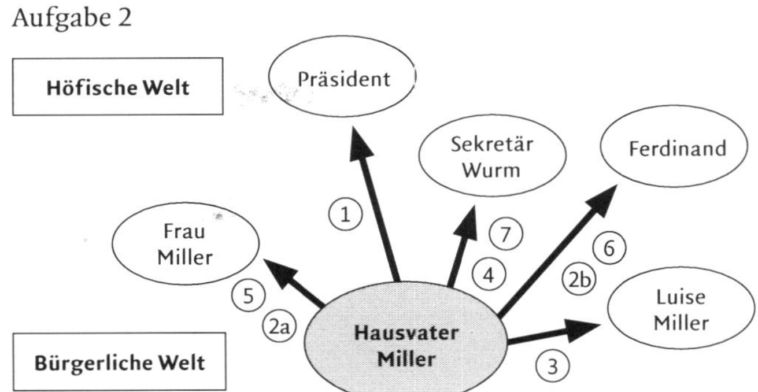

Aufgabe 3

In den ersten drei Szenen des ersten Akts steht Miller als Hausvater im Zentrum des Geschehens. Er ist es, der den Hang seiner Ehefrau zu Luxusgütern anprangert (2a) und sie aufgrund ihrer dümmlichen Geschwätzigkeit grob beschimpft (5). Gegenüber seiner Tochter fehlt diese Geringschätzung zwar, doch lässt er auch bei ihr seine väterliche Autorität walten und verweigert ihr Ferdinand als Ehemann (3). Er billigt Luise andererseits ein gewisses Recht auf Selbstbestimmung zu, indem er es ablehnt, ihr einen Gatten aufzuzwingen. Sekretär Wurm, der sich in Heiratsdingen an den Vater der Umworbenen wendet, bezeichnet er als intrigantes Klatschmaul (4) und „Hasenfuß" (7). Obwohl er der Tochter gegenüber eine ansatzweise tolerante und vor allem liebevolle Haltung zeigt, bleibt Miller dennoch vollends in ständischem Denken verhaftet. Das Ansehen seines kleinbürgerlichen „Reiches" muss gewahrt werden, der Ruf der Tochter, ihre Unschuld, darf auf keinen Fall ernsthaft in Gefahr geraten (6). Eine standesübergreifende Liaison kommt nicht infrage, und so muss dem Junker Ferdinand, dem man als „vertrackte[m] Tausendsassa" (2b) alle möglichen, nur keine ehrhaften Absichten unterstellt, das Haus verboten werden (6). Insgesamt zeigt sich ein bürgerliches Selbstbewusstsein traditionell patriarchalischer Prägung. Nur so kann Miller den Plan fassen, mit dem Präsidenten, sozusagen von Patriarch zu Patriarch, ein Gespräch zu führen, das in beiderseitigem Interesse die Wahrung der Standesgrenzen und die Abschottung von bürgerlicher und höfischer Sphäre zur Folge haben soll (1).

Der bürgerliche Hausvater

In der Nachfolge des „pater familias" der römischen Antike hatte der Hausvater bis ins 19. Jahrhundert hinein eine besondere rechtliche und soziale Stellung inne. In „Das größere Buch für Familien" von 1807 beschreibt Christian Friedrich Sintenis seine Aufgaben und Funktionen wie folgt: „[... D]er Mann und Hausvater stellt das wirklich vor, was er von Natur ist – das Haupt der Familie, den Herrn in seinem Haus. [...] Er teilt die sämtlichen häuslichen Geschäfte ein, gibt Acht, ob jeder sein Pensum verrichte, und hält mit Ernst darauf, dass es geschehe. Er ist deshalb, soviel seine Welt- und Berufslage ihm verstattet, gern zu Hause, um das häusliche Ganze immer vollkommen zu übersehen und zu leiten [...]."

Zur Kopiervorlage Seite 41: DIE BEDROHTE STÄNDISCHE ORDNUNG DES MUSIKMEISTERS MILLER

Die zentrale Position, die der Vorsteher der bürgerlichen Familie noch zu Beginn des Stücks einnimmt, wird im weiteren Verlauf der Handlung zunehmend geschwächt. Die ständische Ordnung des Zunftbürgers Miller wird auf dem Weg in die Katastrophe mehr und mehr bedroht. Dies ist zum einen aus der dramaturgischen Konzeption des Trauerspiels, zum anderen aus der sozialhistorischen Entwicklung im 18. Jahrhundert heraus zu verstehen.

Lösung

Aufgabe 1

Definition: fest angestellte städtische Musiker; Verbreitung seit der zweiten Hälfte des 16. Jahrhunderts, 1653 Zusammenschluss zu einer überregionalen zunftähnlichen Organisation mit einheitlicher Lehrlingsausbildung und Verpflichtung zu sittlichem Lebenswandel; Aufgaben: instrumentale Begleitung mehrstimmiger Kirchenmusik, Aufführungen bei offiziellen Anlässen; Einkommen: geringe feste Besoldung, Aufspielen bei Geselligkeiten in Privathäusern.

Das Ende des Zunftwesens hatte folgende Gründe: Nach der Französischen Revolution (1789–99) verloren die Zünfte aufgrund der Aufhebung der Zunftverfassungen und der Einführung der Handels- und Gewerbefreiheit an Nutzen. Zu Beginn des 19. Jahrhunderts, in der Frühphase der industriellen Revolution, schwand die Bedeutung der Zünfte angesichts wachsender Manufakturen und beginnender Massenproduktion weiterhin. In Preußen beispielsweise wurden unter dem Reformer Hardenberg 1812 der Zunftzwang abgeschafft und die Gewerbefreiheit eingeführt. (Für weitere Informationen zu den Themen „Zünfte" und „Stadtpfeifer" vgl. *https://de.wikipedia.org/wiki/Zunft* und *https://stadtpfeifer.webs.com/zuenfte.htm*)

→ Schiller hat mit seinem Musikus Miller also einen Vertreter aus dem ständischen Zunftbürgertum gewählt, das in seiner gesellschaftlichen Funktion bereits zu Zeiten des Autors kurz vor dem Ende stand (vgl. Hans Peter Herrmann: „Musikmeister Miller, die Emanzipation der Töchter und der Dritte Ort der Liebenden." In: Jahrbuch der deutschen Schillergesellschaft 28/1984, S. 223 ff.). Der Stadtmusikant kam aus der Mode. Sein Amt wurde im Verlauf der ersten Hälfte des 19. Jahrhunderts an die Stadtkapellen abgegeben oder büßte im Konkurrenzkampf mit den bürgerlichen Liebhaber- und Berufsorchestern seine Vormachtstellung ein.

Aufgabe 2

Als Musikmeister (I, 5; S. 17, Z. 29) wählt Miller die Besetzung für das Orchester aus (I, 2; S. 11, Z. 2 f.). Er kann vom Herzog für das höfische Orchester angefordert werden (II, 4; S. 43, Z. 19–21) oder dem Hof auf Bestellung ein Adagio liefern (II, 6; S. 49, Z. 6 f.). Er besitzt ein Violoncello (I, 1; S. 5, Z. 4) und erteilt Scholaren Unterricht (I, 1; S. 5; Z. 23–25), so auch dem adligen Ferdinand auf der Flöte (V, 3; S. 105, Z. 26 f.). Ferdinand zerschmettert aus Wut in Anwesenheit von Luise eine Violine (III, 4; S. 65, Z. 26–28). Am Ende des Dramas bietet Luise dem Geliebten an, ihn auf dem Hammerklavier zu begleiten (V, 7; S. 112, Z. 9–11).
(Zu diesen Hinweisen auf Millers Zunftzugehörigkeit vgl. auch Hans Peter Herrmann: „Musikmeister Miller, die Emanzipation der Töchter und der Dritte Ort der Liebenden". In: Jahrbuch der deutschen Schillergesellschaft 28/1984, S. 224.)

Aufgabe 3

a) Miller ist nicht nur in seinem Berufsstand bedroht, sondern, wie die Grafik zeigt, auch in seiner privaten Welt, der er als Hausvater vorsteht. Die ständische Ordnung, die der Musikus so selbstbewusst zu repräsentieren schien (vgl. KV „Der bürgerliche Hausvater und seine Familie", S. 40), ist durchlässig geworden. Seine Frau giert nach Luxus und gesellschaftlichem Aufstieg, seine Tochter hat sich in einen adligen Junker verliebt. Machtlos muss der Vater mitansehen, wie sich Luise zunehmend aus seiner konservativen Welt zu entfernen scheint und sich für die Bücher und fortschrittlichen Ideen des liberalen Ferdinand begeistert („Bellatristen" und „überhimmliche Alfanzereien"; I, 1; „Da haben wir's! Das ist die Frucht von dem gottlosen Lesen"; I, 3). Millers Vorstellung, er könne dieser Entwicklung Einhalt gebieten und im patriarchalischen Einvernehmen mit dem Präsidenten die Standesgrenzen wahren, ist nicht mehr zeitgemäß. Noch ehe er seinen Gang zum Präsidenten in die Tat umsetzen kann, hat Sekretär Wurm, der als bürgerlicher Hofbeamter mit der Vermischung der Stände trefflich zu spielen weiß, sein Haus aufgesucht und – dank der eitlen Geschwätzigkeit der Millerin – die wahren Zeichen der Zeit erkannt. Das Unheil wird schließlich mit dem Besuch des Präsidenten über Millers Welt hereinbrechen.

b) Im zweiten Akt prallen die beiden Stände erstmals aufeinander (II, 6), Miller versucht, sich dem Zudringen des Präsidenten unter Berufung auf sein Hausrecht zu erwehren: „Das ist meine Stube. Mein devotestes Kompliment, wenn ich dermaleins ein Promemoria bringe, aber den ungehobelten Gast werf ich zur Tür hinaus – Halten zu Gnaden" (II, 6; S. 49, Z. 16–19). Doch der zwischen mutiger Abwehr und pflichtschuldigem Respekt schwankende hausväterliche Gestus führt nicht zum gewünschten Erfolg. Ferdinand ist der Einzige, der die aggressive Autorität des Präsidenten zunächst in die Schranken weisen kann, doch Miller und seine Frau werden schließlich verhaftet und eingesperrt (III, 3). Als Miller aus der Haft entlassen wird, ist der gute Name seiner Tochter ruiniert und er selbst ein gebrochener Mann. Ohne die Unterstützung der Mutter, die im Stück keine weitere Erwähnung mehr findet, versucht Miller seinen Erziehungspflichten nachzukommen. Er hält Luise vom Selbstmord ab, indem er ihr das Versprechen gibt, mit ihr als fahrender Bänkelsänger auf Wanderschaft zu gehen und

sein ständisches Amt aufzugeben (V, 1). Doch selbst die Bereitschaft zum sozialen Abstieg bewahrt ihn nicht davor, das Wichtigste, seine Tochter, endgültig zu verlieren. Am Ende des Stücks ist Miller vollständig aus den traditionellen Rollenbezügen des Gatten, des Vaters und des Patriarchen herausgefallen. Er steht als Randfigur außen vor und muss um Einlass in die eigenen vier Wände bitten, um zu der ermordeten Tochter zu gelangen (V, 8; S. 120, Z. 1 f.).

Zu den Kopiervorlagen Seiten 42/43: HÖFISCHES ZEREMONIELL: ETIKETTE UND ANSEHEN

Schillers Erfahrungen mit den Zuständen am württembergischen Hof sind nachweislich in die Gestaltung des Dramas eingeflossen. In „Kabale und Liebe" schildert er typische Szenen aus dem höfischen Leben einer fürstlichen Residenzstadt. Im 18. Jahrhundert wird der Fürstenhof zum festen Ort (Residenz) herrschaftlicher Macht und Verwaltung sowie zum repräsentativen Zentrum kulturellen Lebens (Theater, Maskenbälle etc.). Kontrollierte Körperhaltungen, verfeinerte Manieren, Respekt bezeugende Umgangsformen, hierarchisierende Kleiderordnungen und Orden zeugen von der Geltungssucht des Hofes. Die Zeremonialisierung und Prachtentfaltung nach französischem Vorbild zeigt ein im Verhältnis zur politischen Bedeutung unproportional „aufgeblähtes" Prestigedenken (vgl. KV „Leben am Hof von Herzog Carl Eugen", S. 15).

Mithilfe der auf der ersten Kopiervorlage (S. 42) abgebildeten Radierungen von Daniel Nikolaus Chodowiecki sowie einiger „höfischer" Zitate aus der Lektüre können die Schüler ein Zeremoniell bei Hofe nachspielen.

Die auf der zweiten Kopiervorlage (S. 43) abgebildete Kleiderordnung aus dem Jahr 1712 verdeutlicht die Hierarchien am württembergischen Hof. Indem die Schüler anhand der Lektüre herausarbeiten, welche gesellschaftliche Stellung im Vergleich dazu die im Drama genannten Figuren einnehmen, wird ihnen zudem die Entwicklung der Stände im Laufe des 18. Jahrhunderts vor Augen geführt.

Möglicher Einstieg

Damit sich die Schüler besser in die höfische Lebensart einfühlen können, empfiehlt es sich, vor der szenischen Darstellung eines Zeremoniells zunächst eine Habitus-Übung in Anlehnung an Ingo Scheller durchzuführen (vgl. Ingo Scheller: „G. E. Lessings ‚Emilia Galotti'". In: Praxis Deutsch 136/1996, S. 67–74). Über die sinnliche Konfrontation mit Rokoko-Musik und die Betrachtung von Gemälden oder Stichen (z. B. von Daniel Nikolaus Chodowiecki) werden die Schüler in die Welt des feudalen Zeremoniells versetzt. Sie stellen sich vor, wie adlige Männer und Frauen gekleidet gewesen sein könnten. Um den gekünstelten, affektierten Körperhabitus zu verinnerlichen, erproben sie für den Adel repräsentative Stehhaltungen: Sie erstarren einen Augenblick in einer Haltung („Freeze") und formulieren einen Satz, der der darzustellenden Person gerade durch den Kopf gehen könnte. Diese Übung kann folgendermaßen erweitert werden: Die Lernenden gehen durch den Raum und lassen sich in der entsprechenden Sitzhaltung auf einem Stuhl nieder. Die Habitus-Übung kann in der Präsentation eines unter Adligen typischen und mit entsprechender Mimik und Gestik untermalten Dialogs gipfeln (vgl. Aufgabe 3).

i

Daniel Nikolaus Chodowiecki
Daniel Nikolaus Chodowiecki (1726–1801), Maler und Kupferstecher, ist heute vor allem für seine originellen Sittenbilder des höfischen und bürgerlichen Lebens berühmt. Chodowiecki demonstrierte in Form von Gegensatzpaaren den Unterschied zwischen natürlichem und affektiertem Verhalten. Natürliches Verhalten entstammt dem echten, unverstellten Gefühl, das aus dem Herzen kommt. Affektiertes Verhalten ist gekünstelt, modeabhängig und bedeutet scheinhafte Verstellung.

Lösung Seite 42

Aufgabe 1

Abbildung 1 = affektierte Handlung: ausuferndes Kleid und aufgetürmte Perücke der Frau, mit Manschetten, Knöpfen und Schnallen versehener Rock des Mannes; übertriebene Körperhaltungen und Begrüßungsgesten (z. B. geziertes Abspreizen der Finger), direkter Austausch von Blicken → Begrüßung als Mittel der Selbstdarstellung und gesellschaftlichen Positionierung

Abbildung 2 = natürliche Handlung: schlichte Kleidung, einfache Frisuren und Kopfbedeckungen; knappe Verbeugung des Mannes mit gesenktem Kopf, aufrechte Körperhaltung der Frau mit nach vorne gerichtetem Blick → Begrüßung als Zeichen der Ehrerbietung

Aufgabe 2

„Serenissismus schicken mich, Mylady zu fragen, ob diesen Abend Vauxhall sein werde, oder teutsche Komödie?" (IV, 9; S. 92, Z. 31–33.)

„Ah guten Morgen, mein Bester! Wie geruht? Wie geschlafen?" (I, 6; S. 21, Z. 7 f.)

„Sie verzeihen doch, dass ich so spät das Vergnügen habe – dringende Geschäfte – der Küchenzettel – Visitenbillets – das Arrangement der Partien auf die heutige Schlittenfahrt [...]" (I, 6; S. 21, Z. 8–11)

„Sie Ärmster! Quel programme! Aber teutsche Komödie nicht auszudenken! Ich bitte Sie, melden Sie Serenissimus, er wisse doch, ich präferiere Vauxhall! Ich liebe den Ball, s'il vous plaît." *(Überreicht ihm ein Papier.)* (frei erfunden)

„Und dieses Billet soll ich Seiner Hochfürstlichen Durchlaucht zu Höchsteigenen Händen geben?" (IV, 9; S. 94, Z. 25–27.)

Aufgabe 3
Zieht man für das Nachspielen eines höfischen Zeremoniells die auf der Kopiervorlage abgebildete Radierung „Der Gruß“ (Abbildung 1) heran, so könnte dies folgendermaßen aussehen: Der Zeremonienmeister richtet hinsichtlich der feierlichen Abendgestaltung eine Anfrage vom Fürsten (Serenissimus) an die Lady. Die Dame erwidert den Morgengruß, woraufhin der Zeremonienmeister sein spätes Kommen mit den höfischen Verpflichtungen entschuldigt. Die Lady unterstreicht ihre Vorliebe für einen Vauxhall-Ball und übergibt ihm eine Nachricht. Der Zeremonienmeister fragt nach, ob er diese dem Fürsten höchstpersönlich überreichen soll.

Lösung Seite 43
Aufgabe 1
Bis ins 18. Jahrhundert hinein grenzten sich die Stände über ihr jeweiliges Erscheinungsbild voneinander ab. Das gesellschaftliche Ansehen wurde durch klar definierte Merkmale der Kleidung sichtbar gemacht. Modische Konventionen und standesgemäße Insignien wurden bewusst zur Schau gestellt (vgl. auch Richard Sennett: Verfall und Ende des öffentlichen Lebens. Die Tyrannei der Intimität. Frankfurt a. M. 1983, S. 84–93). Die von oberster Stelle geregelte Kleiderordnung verfolgte neben dem Prinzip der Distinktion weitere Ziele: Einschränkung von Luxus, Konservierung ständischer Unterschiede, Wahrung der Sittlichkeit.

Ein Beispiel für äußerliche Zeichen von Macht und Ansehen im Drama findet sich im zweiten Akt, als der Präsident die Familie Miller verhaften lassen will: „PRÄSIDENT *(zu den Gerichtsdienern, seinen Orden entblößend)*. Legt Hand an im Namen des Herzogs […]“ (II, 7; S. 50, Z. 29 f.).

Aufgabe 2
An der Spitze der Ständegesellschaft stand der Herzog. Alle anderen Personen galten als Untertanen, wobei die Nähe zum Hof über die Rangfolge entschied. Während Bauern (Land) und gemeine Bürger (Stadt) den unteren Teil der Hierarchie ausmachten, nahmen die herzoglichen Beamten (Hof) die höheren Ränge ein.

Aufgabe 3
Präsident von Walter steht direkt unter dem Herzog an der Spitze der höfischen Ordnung (1. Rang). An seiner Person wird deutlich, dass der Adel in Ministerämtern zu neuer Machtentfaltung gelangt war. Das moderne Verwaltungsamt des Präsidenten scheint dabei von größerer Bedeutung zu sein als das traditionelle Zeremonienamt des Hofmarschalls. Dieser gehört in der abgebildeten Kleiderordnung ebenfalls dem 1. Rang an. Als Major repräsentiert Ferdinand eine weitere wichtige Funktion des Adels im absolutistischen System, nämlich die der höheren Militärführung (3. Rang). Unter Berücksichtigung seiner Kleidung (Staatsrock, Manschettenhemd, Perücke II, 4; S. 42, Z. 28–33) und seines Berufs ist Miller dem mittleren Bürgertum (6. Rang) zuzurechnen. Sekretär Wurm dagegen ist ein echter Aufsteiger, da er es trotz bürgerlicher Herkunft zum Hofbeamten gebracht hat (4. Rang). An Wurm (bürgerliche Herkunft, höfischer Dienst) wird deutlich, wie durchlässig die Ständeordnung am Ende des 18. Jahrhunderts bereits geworden ist.

Zur Kopiervorlage Seite 44: HÖFISCHES SPIEL: KARRIERE UND KABALE

Der Neigung des Hofs zu ritualisiertem Rollenverhalten und zur Verkleidung wohnt ein spielerischer Zug inne, der als das wesenhafte Kennzeichen der Epoche des Rokoko (1730–75) gilt (vgl. auch Johan Huizinga: Homo Ludens: Vom Ursprung der Kultur im Spiel. Hamburg 1956, S. 201 ff.). Das Spiel im Sinne von Müßiggang hob von jeher schon den Adelsstand gegen die arbeitende Bevölkerung ab. Im 18. Jahrhundert gilt es geradezu als Metapher für das Feudalwesen und bekommt weitere Nuancen: Spiel steht nun auch für die im Rokoko typische Liebe zu Tanz, Musik und ornamentaler Formenpracht, aber auch für den Hang zum politischen Ränkespiel und dynastischer Ruhmsucht.

In all diesen Spielarten geht es letztlich darum, sich selbst zu inszenieren und dabei sogar das Glück, die „Fortune“, auf dem Weg zum Erfolg zu beeinflussen, also das Schicksal zu korrigieren.

Lösung
Aufgabe 1
Die vier Allegorien des höfischen Spiels:
Herzdame = Geschmack: Die Attraktivität der Dame dient bei Hof allein repräsentativen Zwecken; die Frau wird zum Vorzeigeobjekt, zum hübschen Accessoire, das den Geschmack des Herrn unterstreicht. Der Höfling steht im Vordergrund, die Dame ist nur Beiwerk.
→ Die Egozentrik des höfischen Spiels
Herzbube = Gefühl: Der höfische Karrierist kennt kein tiefes, von innen heraus kommendes Gefühl. Ihm geht es um seine Wirkung in der Damenwelt. Dies ist die Pose des Charmeurs, dem es auf den äußeren Anschein des Gefühls ankommt; anstelle der Liebe stehen Affektiertheit und Galanterie des höfischen Rokoko.
→ Die Theatralik des höfischen Spiels
Joker = Witz: Etymologisch mit dem englischen Wort „wit“ verwandt, bedeutet „Witz“ hier so viel wie „Gewitztheit“, „Esprit“. Gemeint ist also weniger der Humor als vielmehr die Wendigkeit des Verstandes, etwas mit Worten vorzugaukeln, das nicht den wahren Tatsachen entspricht; Galanterie und Verstellungskunst („in seinen Beutel zu lügen“; S. 18, Z. 9) kommen hier zum Ausdruck.
→ Die Falschheit des höfischen Spiels
König mit Kleeblättern = Glück: Bei allen Trümpfen kann man das Spiel nur gewinnen, wenn einem das Glück hold ist. Für das höfische Spielverständnis gibt es also immer auch einen

unwägbaren Faktor, den man nicht kalkulieren kann, die (barocke) Macht der Fortuna. Gerade aber dadurch, dass das Glück letzten Endes den Ausschlag gibt, zeichnet sich das höfische Karriere-Spiel als Spiel aus.
→ Das Spielerische des höfischen Spiels

Aufgabe 2
Als „Bürgersmann“ (I, 5; S. 19, Z. 7 f.) kennt Wurm die Schwächen der Bürgerstochter Luise. Anders als der Präsident, der sich rein an Äußerlichkeiten orientiert, kann er ihre Seelenlage ausloten. Er weiß um ihre enge Bindung an den Vater: „Ich kenne das gute Herz auf und nieder. Sie hat nicht mehr als zwei tödliche Seiten, durch welche wir ihr Gewissen bestürmen können – ihren Vater und den Major. Der Letztere bleibt ganz und gar aus dem Spiel, desto freier können wir mit dem Musikanten umspringen“ (III, 1; S. 55, Z. 32–36). Auch ist sich Wurm dessen bewusst, wie zwingend die christlichen Werte für Luise sind: „PRÄSIDENT. Einen Eid? Was wird ein Eid fruchten, Dummkopf? – WURM. Nicht bei uns, gnädiger Herr. Bei dieser Menschenart alles“ (III, 1; S. 56, Z. 34 – S. 57, Z. 1).

In den Sohn des Präsidenten kann sich Wurm ebenfalls hineinversetzen. Ihm ist klar, dass Ferdinands hoher Anspruch an die Liebe ein hohes Maß an Misstrauen nach sich zieht. Er weiß, dass Ferdinand gerade nicht der höfische Libertin ist, der der Geliebten eine Affäre mit einem anderen Adligen nachsieht, sondern der vielmehr mit Argusaugen über Luises Unschuld wacht. Daher gilt es, diese Eifersucht zu schüren: „Ich müsste mich schlecht auf den Barometer der Seele verstehen, oder der Herr Major ist in der Eifersucht schrecklich, wie in der Liebe. Machen Sie ihm das Mädchen verdächtig – –“ (III, 1; S. 55, Z. 7–10).

Aufgabe des Präsidenten ist es, den Hofmarschall als Mitspieler für die Kabale zu gewinnen. Als von Kalb es für unter seiner Würde hält, den Galan eines Bürgermädchens zu spielen, weiß von Walter genau, welche Trumpfkarte er ausspielen muss: Wie für ihn selbst ist auch für den Hofmarschall der Einfluss am Hof das Wichtigste. Mit der Bemerkung „Ich hab das noch nicht gewusst, dass Ihnen der Mann von unbescholtenen Sitten mehr ist als der von Einfluss“ (III, 2; S. 61, Z. 23–25) werden die Bedenken des Hofmarschalls zerstreut. Zudem wird im weiteren Verlauf des Dramas deutlich, dass sich der Hofmarschall nur über sein Amt definiert, das so überholt ist wie das Zeremoniell, dem er vorsteht. Auf die Frage des Hofmarschalls, was er nach seiner Entlassung sei, antwortet der Präsident: „Ein Bonmot von vorgestern. Die Mode vom vorigen Jahr“ (III, 2; S. 62, Z. 1 f.).

Weiterführende Anregung
Zwischen höfischer Gesellschaft und heutiger Medienöffentlichkeit gibt es zahlreiche Parallelen. Auch in den Medien sind Positionierung und Inszenierung eine Selbstverständlichkeit, auch hier geht es um den Auftritt, sei es im Internet (z. B. in Foren, auf Websites, in sozialen Netzwerken) oder in den Castingshows des Unterhaltungsfernsehens. Wie in der höfischen Welt gehören Präsenz, schöner Schein und eine gute Portion Glück ebenso zum Karriereerfolg wie die Eigenschaften Theatralik, Schlagfertigkeit, Affektkontrolle und Ehrgeiz. Interessant ist, dass die Medienöffentlichkeit bei Schülern eher positiv konnotiert ist, während Schiller in seinem Drama die höfischen Sitten kritisch beleuchtet. Ganz im Sinne des bürgerlichen Trauerspiels wird der scheinhaften, heuchlerischen Feudalöffentlichkeit die private kleine Welt des Bürgers gegenübergestellt, in der echte Gefühle und moralische Integrität vorherrschen. In der heutigen Zeit stellt sich dagegen die Frage, ob die Polarität von Sein und Schein überhaupt noch Gültigkeit besitzt oder ob die virtuelle Medienwelt die privaten Schutzräume, in denen die Postulate der Moral, der Unschuld und der Humanität hochgehalten werden, nicht längst unterhöhlt hat.

■ Zur Kopiervorlage Seite 45: KONFLIKTFELD ZWISCHEN BÜRGERLICHER UND HÖFISCHER WELT

Nachdem auf den voranstehenden Kopiervorlagen Eigenheiten und Charakteristika von Bürgertum (KV S. 40 und 41) und Adel (KV S. 42–44) einer genaueren Untersuchung unterzogen wurden, gilt es nun, das Konfliktfeld zwischen bürgerlicher und höfischer Welt zu analysieren. Dabei werden die bisherigen Ergebnisse miteinbezogen.

Lösung
Aufgabe 1
Mögliches Tafelbild: Konfliktfeld zwischen bürgerlicher und höfischer Welt

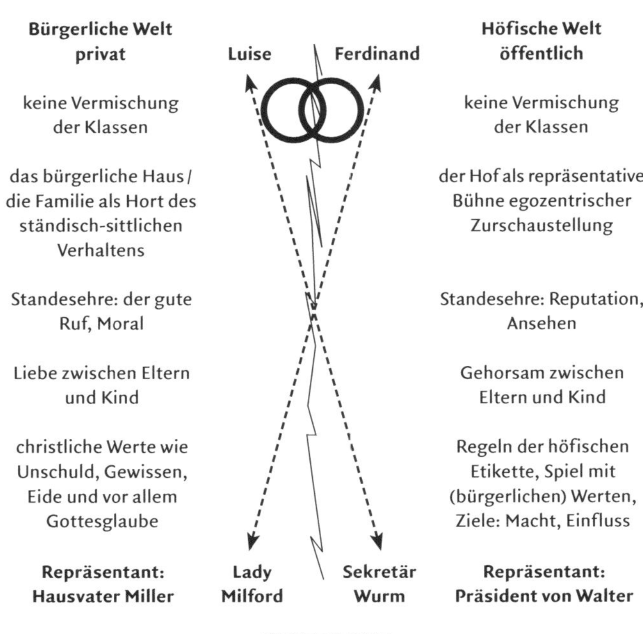

Aufgabe 2

Figur	standesüberschreitend	standesentsprechend
Luise	• liebt einen Adligen • weicht von ihrer traditionellen Glaubenshaltung ab, wenn sie meint, Gott in Ferdinand zu lieben (I, 3; S. 14, Z. 4 f.) • glaubt, dass sie im Himmel, mit Ferdinand verbunden, einem anderen Stand angehören wird (I, 3; S. 14, Z. 13–23) • spürt ihre Leidenschaft und ihre sexuellen Wünsche (I, 4; S. 17, Z. 11–13)	• will Ferdinand auf dieser Welt entsagen (I, 3; S. 14, Z. 12) • kann nicht mit Ferdinand fliehen, bleibt bei ihren Eltern (III, 4; S. 66, Z. 11 f.) • rettet ihren Vater, indem sie auf die Kabale eingeht und einen Eid ablegt (III, 6; S. 74, Z. 7–11) • entscheidet sich gegen Selbstmord und für den Vater (V, 1; S. 100, Z. 16–20)
Ferdinand	• liebt eine Bürgerliche • ist kein Libertin, der ausschließlich auf die Befriedigung sexueller Bedürfnisse aus ist • sucht nicht das öffentliche Leben, sondern das private Glück (I, 7; S. 24, Z. 17–27) • Glück ist für ihn eine Sache des Herzens, nicht der „Fortune" bzw. des Schicksals. • hat ein moralisch motiviertes Ehrverständnis (I, 7; S. 26, Z. 9–12) • ist gegen höfische Mode (II, 3; S. 41, Z. 28–30)	• gibt sich als Offizier und Mann von Ehre (II, 3) • reagiert auf höfische Ehrverletzung mit Aufforderung zum Duell (IV, 3) • Sein unbedingter Liebesanspruch geht mit mangelnder Empathie einher; es geht ihm weniger um Luise als um seine Liebesvision. Diese Egozentrik trägt eher „absolutistische" Züge.
Lady Milford	• möchte sich mit Ferdinand nicht aus pragmatischen Gründen vermählen, sondern weil sie ihn liebt (II, 1) • gibt sich volksnah, kritisiert und zügelt die herrschaftliche Willkür des Fürsten (II, 3; S. 39, Z. 28 – S. 40, Z. 7) • nimmt sich ein Beispiel an Luises Kraft zur Entsagung und verzichtet auf Macht und Einfluss (IV, 8 / 9)	• hat höfisches Ehrverständnis (II, 3) • liebt Prunk (IV, 6; S. 83, Z. 18–26) • ist eitel, will Luise mit ihrer höfischen „Grandesse" einschüchtern (IV, 7)
Sekretär Wurm	• hat es als Sekretär des Präsidenten zum höfischen Beamten gebracht • strebt nach Macht und Einfluss • versteht das höfische Spiel der Kabale, ist skrupellos genug, um Mitmenschen zum Objekt seines Spiels zu machen	• möchte eine Bürgerliche als Ehefrau • kennt die Werte des bürgerlichen Standes (z. B. III, 1; S. 56, Z. 36 – S. 57, Z. 1) • ist gegen adlige Libertinage, steht zum bürgerlichen Reinheitsgebot der Liebe (I, 5; S. 19, Z. 7 f.; S. 20, Z. 1–7)

Weiterführende Anregung

Im Anschluss an die Bearbeitung der Kopiervorlage bietet sich folgender kreativer Schreibauftrag an: Neben der (standesübergreifenden) Beziehung zwischen Luise und Ferdinand werden im Drama zwei weitere mögliche Verbindungen angedeutet, die innerhalb der Standesgrenzen verlaufen würden. Entwerfen Sie ein erzähltes Szenario, in dem Ferdinand Lady Milford und Luise Sekretär Wurm heiratet. Berücksichtigen Sie dabei die Charaktere der Figuren sowie das Verhältnis der beiden Figuren zueinander, wie sie in Schillers „Kabale" beschrieben werden. (Auf jeden Fall sollte berücksichtigt werden, dass Ferdinand der Lady Milford wesentlich näher steht als Luise dem teuflischen Intriganten Wurm. Mit Ferdinand und Lady Milford hätten sich zwei Vertreter einer fortschrittlichen, bürgerlich-liberalen Geistes- und Gemütshaltung gefunden. Nicht umsonst kann Ferdinand kaum verhehlen, wie beeindruckt er von der Begegnung mit der Britin ist: „Eine Stunde, Luise, wo zwischen mein Herz und dich eine fremde Gestalt sich warf – wo meine Liebe vor meinem Gewissen erblasste – wo meine Luise aufhörte, ihrem Ferdinand alles zu sein – –" (II, 5; S. 45, Z. 2–6). Anders verhält es sich mit Luise. Nachdem Wurm Luise dazu genötigt hat, den erzwungenen Brief an Ferdinand zu verfassen, bietet er sich ihr als Gatte an. Sie straft dieses Angebot mit Verachtung und droht ihm mit folgender Aussicht: „Weil ich dich in der Brautnacht erdrosselte, und mich dann mit Wollust aufs Rad flechten ließe" (III, 6; S. 74, Z. 3–5).

Zur Kopiervorlage Seite 46: FERDINAND UND DIE LIEBE

Auf dieser Kopiervorlage steht Ferdinands absoluter Liebesanspruch im Vordergrund. Den Schülern soll verdeutlicht werden, dass sich Ferdinands Liebesbegriff weder mit den höfischen noch mit den bürgerlich-hausväterlichen Wertvorstellungen vereinbaren lässt. Vielmehr zeichnet sich seine Liebesideologie gerade durch ihre Ausschließlichkeit aus; sie entspricht damit dem Autonomie-Denken des „Sturm und Drang". Merkmale des Sturm und Drang finden sich auch in der sprachlichen Gestaltung (vgl. Weiterführende Anregung auf S. 30).

In der ersten Aufgabe werden die Glücksvorstellungen des Präsidenten und Ferdinands einander gegenübergestellt. Hierfür ist der Kontext des abgebildeten Zitats (I, 7; S. 23, Z. 4 – S. 25, Z. 11) zu berücksichtigen. Anschließend arbeiten die Schüler aus vorgegebenen Textstellen Merkmale des Sturm und Drang in Ferdinands Liebesvorstellung heraus. Es bietet sich an, hier in zwei Schritten vorzugehen: Zunächst sollen die Schüler in Einzel- oder Partnerarbeit die Zitate analysieren und ihre Arbeitsergebnisse in Stichworten notieren. Im Anschluss daran gilt es, die Ergebnisse gemeinsam zu vertiefen und in den Kontext zeitgeistlicher Strömungen, wie z. B. des Geniegedanken oder des Modells von der großen Kette, zu stellen. Abschließend setzen sich die Schüler kritisch mit Ferdinands Liebesideal auseinander und vergleichen es mit ihren eigenen Vorstellungen von der „großen Liebe".

Möglicher Einstieg
Befragen Sie die Schüler, was sie sich unter der „großen Liebe" vorstellen bzw. was für sie die „große Liebe" ausmacht. Halten Sie zentrale Merkmale an der Tafel, am Whiteboard oder auf einer Folie fest. Bei der Bearbeitung der vierten Aufgabe kann dann auf diese Ergebnisse Bezug genommen werden.

Lösung
Aufgabe 1
Wie Präsident von Walter kurz vor der zitierten Textstelle ausführt, versteht er unter Glück öffentliches Ansehen und Karriere (vgl. auch KV „Höfisches Spiel: Karriere und Kabale", S. 44): „Hum! – Zwingen muss man dich, dein Glück zu erkennen. [...] Du bist im zwölften Jahre Fähndrich. Im zwanzigsten Major. Ich hab es durchgesetzt beim Fürsten. Du wirst die Uniform ausziehen, und in das Ministerium eintreten. Der Fürst sprach vom Geheimen Rat – Gesandtschaften – außerordentlichen Gnaden. Eine herrliche Aussicht dehnt sich vor dir" (I, 7; S. 24, Z. 5–13). Als Antwort auf die Frage, warum ihn diese Aussichten nicht begeistern, hält Ferdinand einen akademisch geprägten Vortrag über seine Begriffe von Größe und Glück. Er kritisiert das Streben nach Macht und Ansehen und propagiert den Rückzug auf ein privates Glück: „Mein Ideal von Glück zieht sich genügsamer in mich selbst zurück. In meinem Herzen liegen alle meine Wünsche begraben. –" (I, 7; S. 24, Z. 25–27). Mit dieser standesübergreifenden Philosophie des Herzens und der Seelengröße (vgl. III, 1; S. 53, Z. 20–29), gespeist von Ideen der Empfindsamkeit und des Sturm und Drang, erweist sich Ferdinand seinem Vater gegenüber weniger als Sohn denn als ideologischer Gegner, der das private Glück über Geburt und Stand stellt. Es ist also nicht verwunderlich, dass sich Präsident von Walter über diese akademische Vorlesung lustig macht. Ferdinand repräsentiert hier die damals kleine Schicht studentischer Intelligenz, die mit ihren fortschrittlichen Ideen einen Gegenpol zur traditionellen Welt der Fürstentümer bildete, aber keineswegs als Sprachrohr des Bürgertums zu verstehen war. Der Soziologe Norbert Elias schreibt dazu: „Es handelt sich [bei der mittelständischen Intelligenzschicht] um eine verhältnismäßig kleine Schicht, die weit über das ganze Gebiet verstreut und daher in hohem Maße und in eigentümlicher Form individualisiert ist. Sie bildet keineswegs, etwa wie die höfische Gesellschaft, einen geschlossenen Verkehrskreis, eine „Society". Sie setzt sich vorwiegend aus Beamten [...] zusammen, also aus Menschen, die direkt oder indirekt ihre Einkünfte vom Hofe bezogen, ohne selbst, von wenigen Ausnahmen abgesehen, [...] zur aristokratischen Oberschicht zu gehören. Es ist eine Intelligenzschicht ohne breites bürgerliches Hinterland" (vgl. Norbert Elias: Über den Prozeß der Zivilisation. Soziogenetische und psychogenetische Untersuchungen, Bd. 1. Frankfurt a. M. 1976, S. 31 f.). Diesem Typus entsprechend glaubt Ferdinand, das private Glück bei einem Bürgermädchen finden zu können, das nicht mit der Geltungssucht des Adels infiziert ist – wenngleich er im weiteren Verlauf des Stücks argwöhnt, ihrer Verstellungskunst aufgesessen zu sein.

Aufgabe 2
Zu nennen sind hier: Großartigkeit, Einzigartigkeit, Ausschließlichkeit, absoluter und totalitärer Anspruch, schicksalhaft, von Gott gewollt, Entsprechung zum Universum / All, Genie, Seelengröße. Die Liebe erscheint gerade deshalb so groß(artig), weil sie den Sprung über die Standesgrenzen hinweg wagt.

Die Vorstellung von der großen Kette der Wesen war im 18. Jahrhundert in Deutschland weitverbreitet. Sie setzt eine harmonische Ordnung der Welt voraus, in der alle Wesen in lückenloser Über- und Unterordnung miteinander verbunden sind. Für Ferdinand ist die große Liebe ein solches Kettenglied. Reißt es, dann ist für ihn der Faden zur Schöpfung gerissen und die Harmonie des Kosmos zerstört (vgl. Arthur O. Lovejoy: Die große Kette der Wesen. Geschichte eines Gedankens. Frankfurt a. M. 1985, S. 358–364).

Ausgangspunkt ist das Gefühl („in meinem Herzen"), dessen Irrationalität und Natürlichkeit einen Gegenpol sowohl zur Epoche der Aufklärung als auch zur Etikette des Hofes darstellen. Mit der Totalisierung des Gefühls wird dieses vollends zur Ausdrucksform des Sturm und Drang: Es muss groß sein, und die große Liebe einzigartig. In diesem Hang zum Grandiosen zeigt sich der Originalitäts- und Ausschließlichkeitscharakter des Genies, das autonom aus sich heraus („Frei wie ein Mann will ich wählen") die Liebe als „Riesenwerk" erschafft. Dabei sind Hindernisse und Gefahren höchst willkommen, erfüllt sich doch erst in deren Überwindung („Riesensprung") der Anspruch an die absolute Liebe. Diese definiert sich dadurch, dass nichts anderes neben ihr gilt: „du, Luise, und ich und die Liebe! – Liegt nicht in diesem Zirkel der ganze Himmel? oder brauchst du noch etwas Viertes dazu?" (III, 4; S. 63, Z. 27–30). In dieser auf die Spitze getriebenen Ausschließlichkeit läuft die Liebe freilich Gefahr, sich selbst ad absurdum zu führen, ist sie doch eigentlich ein verbindendes und „einschließendes" Gefühl. Zwar ist Luise als Gegenüber in diesem Dreierbund enthalten, aber Ferdinand bedenkt nicht, dass die Geliebte in ihrer Andersartigkeit sein Konzept sprengt: Für Luise erscheint Ferdinands himmlischer Zirkel eher wie ein Teufelskreis, dem sie etwas Viertes, nämlich die Pflichten ihrer familiären und religiösen Herkunft, entgegenhält (vgl. KV „Luise und die Väter", S. 47).

Doch die Totalisierung des Gefühls ist hier noch nicht an ihr Ende gelangt. Wenn auch aus unterschiedlichen Perspektiven betrachtet, trägt die große Liebe für beide universale Züge. Sie ist durch Gott vorherbestimmt und verbindet die Liebenden mit der Schöpfung. Das Einzelne ist Teil des Ganzen: „Der Augenblick, der diese zwo Hände trennt, zerreißt auch den Faden zwischen mir und der Schöpfung" (II, 5; S. 46, Z. 36 – S. 47, Z. 2). In der Liebe spiegelt sich ein pantheistisches Allgefühl (vgl. die Ausführungen zu Herders organologischem Modell in: Jochen Schmidt: Die Geschichte des Genie-Gedankens 1750 – 1945, Bd. 1. Darmstadt 1985, S. 129 ff.). Sie ist ein Mikrokosmos, der alles enthält: „[...] die Ewigkeit hat Mühe, es zu umwandern, Weltsysteme vollenden ihre Bahnen darin –" (V, 2; S. 105, Z. 1 – 3).

Luise kommt mit dieser fortschrittlichen Weltanschauung zurecht, weil sie sie im Sinne ihres christlichen Glaubens auslegt: Gott ist der Vater der Liebe, also ist auch ihre Liebe zu Ferdinand von Gott geschaffen (vgl. KV „Luise und die Väter", S. 47). Gegenläufig dazu geht Ferdinand nicht vom universalen Ganzen, sondern vom Einzelnen aus: Die Harmonie des Alls wird erst in seinem „Riesenwerk" der Liebe erfahrbar, da ist er ganz Genius. Über ihn als Schöpfer der Liebe zeigt sich auch der Schöpfergott. Die Konsequenzen solchen Größenwahns sind fatal. Tun sich in der Liebe Brüche auf, stürzt auch das Ganze zusammen. Analog dazu mutiert der einstige Schöpfer nun zum Zerstörer: „Ich einst ihr Gott, jetzt ihr Teufel!" (IV, 4; S. 81, Z. 1 f.). Der Liebesideologe spielt sich zum Weltenrichter auf, so als müsse er seine misslungene Schöpfung verdammen und sie von Missgeburten befreien, und beschließt den gemeinsamen Liebestod (vgl. Rüdiger Safranski: Schiller oder die Erfindung des Deutschen Idealismus. München 2004, S. 177 f.).

Aufgabe 3
Die individuelle Auseinandersetzung mit Ferdinands Anspruch an die große Liebe lässt unterschiedliche Ansichten zu. Denkbar wäre, dass die Schüler Ferdinands Selbstbezogenheit herausarbeiten: So geht es ihm ausschließlich um seine Vorstellung von Liebe, nicht um das, was Liebe eigentlich ausmacht (z. B. Empathie, Gleichgewicht von Autonomie und Bindung). Ferdinand ist hier ganz neuzeitliches Subjekt, das sich selbst einer Idee zugrunde legt und alles andere darauf bezieht. Die große Gefahr dabei ist, dass das liebende Gegenüber nur noch als „Beweisobjekt" für die Stimmigkeit der Liebesideologie fungiert. Entspricht Luise nicht dieser Vorstellung, wird sie geopfert, anstatt die Liebesideologie zu hinterfragen. Luises Eigenart, ihre Eingebundenheit in eine christlich geprägte, bürgerliche Wertewelt, wird dagegen überhaupt nicht berücksichtigt.

Weiterführende Anregung
Weiterführend können die Charakteristika des Sturm und Drang an der Sprache Ferdinands herausgearbeitet werden. Neben den „Insektenseelen", die „am Riesenwerk [s]einer Liebe hinaufschwindeln", gibt es noch einige weitere sprechende Beispiele:

- „Lass auch Hindernisse wie Gebürge zwischen uns treten, ich will sie für Treppen nehmen und drüber hin in Luisens Arme fliegen. [...] Du brauchst keinen Engel mehr – Ich will mich zwischen dich und das Schicksal werfen [...] An diesem Arm soll meine Luise durchs Leben hüpfen, schöner als er dich von sich ließ, soll der Himmel dich wiederhaben, und mit Verwunderung eingestehn, dass nur die Liebe die letzte Hand an die Seelen legte – " (I, 4; S. 16, Z. 23 – S. 17, Z. 2)
- „Meine Hoffnung steigt umso höher, je tiefer die Natur mit Konvenienzen zerfallen ist. – Mein Entschluss und das Vorurteil! – Wir wollen sehen, ob die Mode oder die Menschheit auf dem Platz bleiben wird." (II, 3; S. 41, Z. 26 – 30)
- „Es ist das köstliche Geschenk des Himmels, Entschluss in dem geltenden Augenblick, wo die gepresste Brust nur durch etwas Unerhörtes sich Luft macht – Ich liebe dich, Luise –" (II, 5; S. 47, Z. 6 – 9)
- „Ein Lächeln meiner Luise ist Stoff für Jahrhunderte, und der Traum des Lebens ist aus, bis ich diese Träne ergründe." (III, 4; S. 64, Z. 16 – 18)
- „Bube! Wenn du genossest, wo ich anbetete? *(Wütender.)* Schwelgtest, wo ich einen Gott mich fühlte?" (IV, 3; S. 79, Z. 21 – 23)
- „Der Odem des Weltgerichts, der den Firnis von jeder Lüge streift, hat jetzt die Schminke verblasen, womit die Tausendkünstlerin auch die Engel des Lichts hintergangen hat – Es ist ihr schönstes Gesicht! Es ist ihr erstes wahres Gesicht!" (V, 2; S. 103, Z. 3 – 8)
- „Und ich verdiene noch Dank, dass ich die Natter zertrete, ehe sie auch noch den Vater verwundet." (V, 4; S. 107, Z. 18 – 20)
- „Alles so schön – so voll Ebenmaß – so göttlich vollkommen! – Überall das Werk seiner himmlischen Schäferstunde! Bei Gott! als wäre die große Welt nur entstanden, den Schöpfer für dieses Meisterstück in Laune zu setzen! – – Und nur in der Seele sollte Gott sich vergriffen haben? Ist es möglich, dass diese empörende Missgeburt in die Natur ohne Tadel kam?" (V, 7; S. 115, Z. 17 – 24)

Zur Kopiervorlage Seite 47: LUISE UND DIE VÄTER

Luise ist in ihrer Wertorientierung stark vom christlichen Glauben geprägt, der Familienvater wie der Landesvater sind für sie die irdischen Stellvertreter einer letztlich unverrückbaren Ordnung, die im Jenseits durch den Gottvater beglaubigt wird. Auch dies ist eine „kosmische Kette der Wesen" und somit eine Parallelität in der Haltung der Liebenden. Doch während bei Ferdinand die Selbstverwirklichung in der Liebe im Vordergrund steht, hat für Luise die Pflichterfüllung bzw. die Achtung gegenüber der väterlichen Hoheit Priorität: „Meine Pflicht heißt mich bleiben und dulden" (III, 4; S. 66, Z. 11 f.). Dem Aufbegehren des Stürmers und Drängers wird so mit einer konservativen Einstellung begegnet, die in ihrer Unterordnung und Integrität sowohl an den mittelalterlichen Ordo-Gedanken erinnert als auch ein klassisches Ideal antizipiert.

Diese Haltung arbeiten die Schüler zunächst anhand vorgegebener Zitate heraus, um in einem zweiten Schritt zu erkennen, dass sie Luises Entscheidungen wesentlich beeinflusst und somit auch zum Gelingen der Kabale beiträgt. Wie stark Luises Bindung an die „väterliche Ordnung" ist, wird schließlich bei der Untersuchung eines Abschnitts aus der ersten Szene des fünften Akts deutlich, in dem Luises Tochterliebe und Pflichterfüllung über die Liebe zu Ferdinand siegen.

Lösung

Aufgabe 1

„Er wird nicht wissen, dass Ferdinand mein ist, mir geschaffen, mir zur Freude vom Vater (→ Gottvater) der Liebenden" (I, 3; S. 13, Z. 28–30). Luise zeigt sich bei ihrem ersten Auftritt als gebildete Bürgerstochter, die das pantheistische Gedankengut Ferdinands mit ihrer traditionellen Gottesgläubigkeit in Einklang zu bringen versucht. Das Ergebnis ist ein Konstrukt, in dem Gott ihre standesübergreifende Liebe gutheißt. Dennoch leidet Luise unter ihrem schlechten Gewissen und ihrer Zerrissenheit: „Ich versteh Ihn, Vater [→ leiblicher Vater = Familienvater] – fühle das Messer, das Er in mein Gewissen stößt; aber es kommt zu spät. – Ich hab keine Andacht mehr, Vater – der Himmel und Ferdinand reißen an meiner blutenden Seele [...]" (I, 3; S. 12, Z. 31 – S. 13, Z. 2).

„O wie sehr fürcht ich ihn – diesen Vater (→ Präsident = Landesvater)!" (I, 4; S. 16, Z. 21). Luise misst dem Präsidenten große Autorität zu. Sie fürchtet ihn, da ihre Beziehung zu Ferdinand in ihren Augen nur mit der Zustimmung des Präsidenten eine Zukunft hat. Als Ferdinand später mit ihr fliehen will, widersetzt sie sich und entgegnet: „Und der Fluch deines Vaters uns nach?" (III, 4; S. 64, Z. 33).

„Vater (→ leiblicher Vater = Familienvater), hier ist deine Tochter wieder – Verzeihung, Vater – Dein Kind kann ja nicht dafür, dass dieser Traum so schön war [...]" (II, 5, S. 45, Z. 33–35). Luise erkennt, dass ihre Hoffnungen auf eine Verbindung mit Ferdinand nur Illusion waren. Die Liebe zu Ferdinand kann in ihren Augen nun nur noch im Jenseits Erfüllung finden: „Auch will ich ihn ja jetzt nicht, mein Vater. [...] Ich entsag ihm für dieses Leben" (I, 3; S. 14, Z. 10–12). Im Hier und Jetzt zählen dagegen der Gehorsam und die Liebe zum Familienvater.

„Lass m i c h die Heldin dieses Augenblicks sein – einem Vater (→ Präsident = Landesvater) den entflohenen Sohn wiederschenken [...]" (III, 4; S. 65, Z. 16–18). Luise lehnt es ab, mit Ferdinand zu fliehen. Stattdessen möchte sie, dass sich ihr Geliebter von ihr abwendet und mit seinem Vater aussöhnt. Wie sehr der Präsident für Luise die landesväterliche, durch Gott versicherte Ordnung repräsentiert, die nicht in Unordnung gebracht werden darf, wird im Fortgang des Zitats deutlich: „[...] einem Bündnis entsagen, das die Fugen der Bürgerwelt auseinandertreiben, und die allgemeine ewige Ordnung zugrundstürzen würde –" (III, 4; S. 65, Z. 18–20).

„Und meine Mutter – mein Vater (→ leiblicher Vater = Familienvater) – Heiland der Welt! mein armer verlorener Vater! Ist keine Rettung mehr?" (V, 7; S. 117, Z. 28 f.). Als Luise erfährt, dass sie sterben muss, bittet sie zuerst Gott um Erbarmen. Anschließend gedenkt sie ihrer Eltern, insbesondere ihres Vaters, den sie mit ihrem Tod verloren glaubt. Sie stellt den eigenen Vater über sich, erst dann erkennt sie ihr eigenes Schicksal: „Mein junges Leben und keine Rettung! und muss ich jetzt schon dahin?" (V, 7; S. 117, Z. 30 f.).

Aufgabe 2

Die Väterpyramide zeigt, dass für Luise neben der Liebe zu Ferdinand noch andere substanzielle Bindungen bestehen, die sie von einer Flucht abhalten. Da ist zunächst die Pflicht der Tochter gegenüber dem eigenen Vater, ihn im Alter nicht allein zu lassen. Auf Ferdinands Einwurf hin, man könne ihren Vater auf der Flucht mitnehmen, führt Luise den nächsthöheren Vater, den Präsidenten, an, dessen Fluch erst durch „die Rache des Himmels" (III, 4; S. 64, Z. 35), also durch den allmächtigen Vater, seine volle Wirkungskraft erlange. Luise erkennt, dass ihr Anspruch an die große Liebe die patriarchalisch-göttliche Ordnung angreift, und verzichtet auf Ferdinand im Diesseits: „Mein Anspruch war Kirchenraub, und schaudernd geb ich ihn auf" (III, 4; S. 65, Z. 10 f.). Diese duldende Haltung steht nicht nur im Kontrast zu Ferdinands Liebesideologie, sie bewirkt auch die ersten Erfolge der höfischen Kabale. Es ist Luises Pflicht, den Vater vor dem Tod durch den Henker zu bewahren, also muss sie den fingierten Liebesbrief schreiben; und es gehört zu ihrem gotteskindlichen Gehorsam gegenüber dem allmächtigen Vater, einen heiligen Eid nicht zu brechen, also muss sie die Wahrheit über den falschen Brief verschweigen.

Ferdinand missdeutet die Macht, mit der die Väterpyramide Luise hält. Ganz Subjektivist, kann er sich Luises sträubende Haltung daher nur ex negativo erklären, mit dem Verdacht, dass sie ihn mit einem anderen Liebhaber betrügt: „Kalte Pflicht gegen feurige Liebe! – Und mich soll das Märchen blenden? – Ein Liebhaber fesselt dich, und Weh über dich und ihn, wenn mein Verdacht sich bestätigt" (III, 4; S. 66, Z. 16–19). Zweierlei ist an dieser Anschuldigung bemerkenswert, mit der sich die Wende in der Beziehung der Liebenden (= innere Peripetie) vollzieht. Einerseits wird der Verdacht der Untreue ausgesprochen, ohne dass sich die leisesten Anzeichen für einen Rivalen gefunden hätten. Tatsächlich geht es ja auch gar nicht um einen konkreten Nebenbuhler, und so ist er denn auch in der Gestalt des Hofmarschalls vollkommen unglaubwürdig. Luises Untreue besteht vielmehr darin, dass sie Ferdinands pantheistischer Vision ein anderes, für sie höheres Prinzip, nämlich das eines religiös tradierten Pflichtverständnisses, entgegenhält. Damit löst sie sich quasi aus der ihr zugedachten Rolle, durch ihre Liebe Ferdinands Liebesideologie zu beweisen. Andererseits liegt Ferdinand mit seiner Eifersucht gar nicht so verkehrt, zeichnet sich das Vater-Tochter-Verhältnis doch auf beiden Seiten durch intensivste Hingabe aus (vgl. auch Lösung zu Aufgabe 3).

Aufgabe 3

Die Aufgabe bezieht sich auf folgende Textstelle: „LUISE *(nach einem qualvollen Kampf mit einiger Festigkeit)*. Vater! Hier ist meine Hand! Ich will – Gott! Gott! was tu ich? was will ich? – Vater, ich schwöre – Wehe mir, wehe! Verbrecherin, wohin ich mich neige! – Vater, es sei! – Ferdinand – Gott sieht herab! – So zernicht ich sein letztes Gedächtnis. *(Sie zerreißt ihren Brief.)*" (V, 1; S. 100, Z. 15–20.

Luises „qualvoller Kampf“ wird sprachlich durch ihre bruchstückhaften Ausrufe und Fragen (Ellipsen, Parenthesen) hervorgehoben. Sie ist fest entschlossen, sich das Leben zu nehmen und Ferdinand eine verschlüsselte Nachricht zukommen zu lassen, in der sie die Hintergründe der Kabale andeutet und den Geliebten auffordert, ebenfalls den Freitod zu wählen. Mit ihrem Tod fühlt sie sich nicht mehr an den Eid gebunden, die Intrige um das fingierte Liebesbillet zu verheimlichen. Sie hofft noch immer, sich mit Ferdinand im Jenseits vereinen zu können. Doch Vater Miller vereitelt diesen Plan. Zunächst führt er Luise plastisch vor Augen, dass Selbstmord eine Todsünde ist. Als dies noch nicht genügend Gewicht zu haben scheint, wirft er seine innige väterliche Liebe („Du warst mein Abgott. Höre, Luise, wenn du noch Platz für das Gefühl eines Vaters hast – Du warst mein Alles“; S. 98, Z. 32–34) und väterliche Autorität („Werden wir uns dort [im Jenseits] wohl noch finden?“; S. 99, Z. 9 f.) in die Waagschale, um schließlich noch auf sein „Vaterherz“ zu verweisen, das mit Luises Selbstmord ebenfalls durchstoßen wäre (S. 100, Z. 6–8). Als er sich schließlich in direkte Konkurrenz zu Ferdinand stellt („Wenn die Küsse deines Majors heißer brennen als die Tränen deines Vaters“; S. 100, Z. 13 f.), ist Luises Widerstand gebrochen. Sie entscheidet sich für ihren Vater und zerreißt den Brief an den Geliebten.

Zur Kopiervorlage Seite 48: WAS IST LIEBE?

Mit dieser Kopiervorlage rückt noch einmal ein zentrales Thema der Lektüre in den Mittelpunkt. Ausgangspunkt ist eine Längsstudie zum Thema „Partnerschaft und Liebe“ (Projekt „Enge Beziehungen“), die von 1995 bis 2005 an der Ruhr-Universität Bochum durchgeführt wurde. Befragt wurden 198 Erwachsene im Durchschnittsalter von 43 Jahren. Die Probanden wurden dazu aufgefordert, anzugeben, welcher Liebesstil für sie am wichtigsten sei. Zugrunde gelegt wurde dabei die Klassifikation des Soziologen John Alan Lee aus dem Jahr 1973. Ziel der Untersuchung war es, herauszufinden, wie sich unterschiedliche Formen der Liebe auf die partnerschaftliche Zufriedenheit auswirken. Die Schüler gehen zunächst von ihren eigenen Vorlieben aus, um dann Vermutungen über das Ergebnis der Untersuchung anzustellen. Anschließend wird der Bogen zur Lektüre geschlagen: Indem die Schüler den Hauptfiguren des Dramas begründet mögliche Präferenzen zuweisen, werden zentrale Erkenntnisse der bisherigen Lektürearbeit noch einmal ins Licht gerückt. Der abschließende kreative Schreibauftrag motiviert zu einer vertieften Auseinandersetzung mit den Charakteren der beiden Protagonisten Luise und Ferdinand. Weisen Sie vorab darauf hin, dass die Veränderung des Liebesstils jeweils innerhalb der durch das Drama vorgegebenen Charakterzeichnung stattfinden sollte, d. h. dass z. B. Luise nicht auf einmal die freizügige, „spielerische“ Liebe zugewiesen werden kann (vgl. auch Lösung zu Aufgabe 3).

Lösung

Aufgabe 1

b) Das Ergebnis der Studie (Mittelwerte auf einer Skala von 1 = niedrigste Ausprägung bis 9 = höchste Ausprägung):
   1. Storge 6,17
   2. Mania 5,9
   3. Eros 5,67
   4. Agape 5,55
   5. Pragma 4,21
   6. Ludus 2,42

→ Vertrauen und Sicherheit (Storge) stehen an erster Stelle, gefolgt von absoluter Hingebung (Mania) und leidenschaftlicher, romantischer Liebe (Eros). An vierter Stelle steht die selbstlose Liebe (Agape), an fünfter die pragmatische Liebe (Pragma). Den letzten Platz nimmt die spielerische, freizügige Liebe (Ludus) ein (vgl. auch https://www.ruhr-uni-bochum.de/soc-psy/dokumente/Projekt_Enge_Beziehungen).

Aufgabe 2

Präsident von Walter

Ludus: Liebe als sexuelles Vergnügen, Libertinage („Tröst Er sich mit dem hiesigen Adel; – wissentlich oder nicht – bei uns wird selten eine Mariage geschlossen, wo nicht wenigstens ein halb Dutzend der Gäste [...] das Paradies des Bräutigams geometrisch ermessen kann“; I, 5; S. 19, Z. 1–6).

Pragma: pragmatische Liebe in Form von Eheschließung zur Machterweiterung („[...] Damit nun der Fürst im Netz meiner Familie bleibe, soll mein Ferdinand die Milford heuraten – – Ist Ihm das helle?“; I, 5; S. 19, Z. 21–23).

Ferdinand von Walter

Mania: die absolute Liebe, übersteigert bis zur Hybris, mit Eifersuchtsanfällen („Ich will mich zwischen dich und das Schicksal werfen – empfangen für dich jede Wunde [...]“; I, 4, S. 16, Z. 31 f. / „Frei wie ein Mann will ich wählen, dass diese Insektenseelen am Riesenwerk meiner Liebe hinaufschwindeln“; II, 5; S. 46, Z. 9–11 / „Ein Liebhaber fesselt dich, und Weh über dich und ihn, wenn mein Verdacht sich bestätigt“; III, 4; S. 66, Z. 17–19).

Luise

Eros: Liebe auf den ersten Blick, romantisch, leidenschaftlich („Als ich ihn das erste Mal sah – [...] und mir das Blut in die Wangen stieg, froher jagten alle Pulse, jede Wallung sprach [...]“; I, 3; S. 13, Z. 30–32 / „Wilde Wünsche – ich weiß es – werden in meinem Busen rasen“; I, 4; S. 17, Z. 11 f.).

Agape: die selbstlose Liebe, die die eigenen Bedürfnisse zurückstellt bis hin zur Selbstaufopferung („Warm wie das Leben ist deine Liebe [...] Schenke sie einer Edeln und Würdigern [...]“; III, 4; S. 65, Z. 33–35 / „Nehmen Sie ihn denn hin, Mylady – Freiwillig tret ich Ihnen ab den Mann, den man mit Haken der Hölle von meinem blutenden Herzen riss“; IV, 7; S. 90, Z. 1–4).

Lady Milford

Eros: leidenschaftliche und romantische Liebe zu Ferdinand („Gib mir den Mann, den ich jetzt denke – den ich anbete –

sterben, Sophie, oder besitzen muss“; II, 1; S. 30, Z. 25–27).
Pragma: Partnerwahl aus nüchternen Erwägungen heraus („Weil ich es muss. [...] Unsre Verbindung ist das Gespräch des ganzen Landes. Alle Augen, alle Pfeile des Spotts sind auf mich gespannt“; II, 3; S. 42, Z. 13–17).

Vater Miller

Ludus: ein auf die körperliche Befriedigung des animalischen Triebes ausgerichtetes Liebesverständnis („Unterm Dach mag's aussehen, wie's will. Darüber kuckt man bei euch Weibsleuten weg, wenn's nur der liebe Gott parterre nicht hat fehlen lassen – Stöbert mein Springinsfeld erst noch dieses Kapitel aus – he da! geht ihm ein Licht auf, wie meinem Rodney, wenn er die Witterung eines Franzosen kriegt, und nun müssen alle Segel dran, und drauflos, und – ich verdenk's ihm gar nicht. Mensch ist Mensch. Das muss ich wissen“; I, 1; S. 6, Z. 11–19).
Storge: tiefe, fast innig-fordernde, aber platonische Liebe des Vaters zu seiner Tochter („Wenn ich mein Herz zu abgöttisch an diese Tochter hing?“; V, 1; S. 95, Z. 16 f. / „Wenn die Küsse deines Majors heißer brennen als die Tränen deines Vaters – stirb!“; V, 1; S. 100, Z. 13 f. / „Das Mädel ist just so recht, mein ganzes Vaterherz einzustecken – hab meine ganze Barschaft von Liebe an der Tochter schon zugesetzt“; V, 3; S. 106, Z. 22–24).

Sekretär Wurm

Pragma: rein auf Zweckmäßigkeit ausgerichtetes Liebesverständnis ohne sichtbare Gefühle; betrachtet Luise als Objekt eines Handels, sei es als Ergebnis seiner Brautwerbung beim Vater („Ich habe ein Amt das seinen guten Haushälter nähren kann, der Präsident ist mir gewogen [...]. Sie sehen, dass meine Absichten auf Mamsell Luisen ernsthaft sind [...]“; I, 2; S. 10, Z. 4–8) oder als die für ihn in Aussicht gestellte „Belohnung“ nach erfolgreichem Ausgang der Kabale („WURM. Und dass der Dienst, Ihnen von einer unwillkommenen Schwiegertochter zu helfen – PRÄSIDENT. Den Gegendienst wert ist, Ihm zu einer Frau zu helfen?“; I, 5; S. 20, Z. 16–19).

Aufgabe 3

Folgende Veränderungen in den Liebesauffassungen würden die Glaubwürdigkeit der Charaktere nicht allzusehr schmälern und wären für einen veränderten Ausgang denkbar:

- Ferdinand → Eros: Würde Ferdinand stärker auf Luises Befindlichkeit Rücksicht nehmen und seine Liebe weniger absolut setzen, wäre er weniger geneigt zu glauben, Luise hätte ein Verhältnis mit dem Hofmarschall. Die Liebe zwischen Ferdinand und Luise wäre weiterhin romantisch und leidenschaftlich, möglicherweise auch von Eifersucht geprägt, jedoch würde Ferdinand die Kabale durchschauen und den Präsidenten und Sekretär Wurm entlarven.
- Luise → Mania: Würde sich Luise in eine bedingungslose und leidenschaftliche Liebe zu Ferdinand hineinsteigern, darüber ihre Liebe zum Vater vergessen und konsequent „den wilden Wünschen, die in ihrem Busen rasen“ (I, 4; S. 17, Z. 11 f.) folgen, wäre sie bereit mit Ferdinand zu fliehen. Ferdinand hätte keinen Anlass mehr zur Eifersucht, die Kabale wäre erfolglos. Zu fragen wäre dann, ob eine solch absolute Liebe jenseits der Heimat auf Dauer Bestand haben könnte (vgl. KV „Die Sprache – ein Gegner der Liebe?“, S. 55).

EIN LIEBESDRAMA

1. Beschreiben Sie stichwortartig die in der folgenden Szene dargestellte Situation. Welche Informationen erhalten Sie über Ferdinand von Walter und Luise?

FERDINAND VON WALTER. LUISE.
Er fliegt auf sie zu – sie sinkt entfärbt und matt auf einen Sessel – er bleibt vor ihr stehn – sie sehen sich eine Zeitlang stillschweigend an. Pause.

FERDINAND. Du bist blass, Luise?

LUISE *(steht auf und fällt ihm um den Hals).* Es ist nichts. Nichts. Du bist ja da. Es ist vorüber.

FERDINAND *(ihre Hand nehmend und zum Munde führend).* Und liebt mich meine Luise noch? Mein Herz ist das gestrige, ist's auch das deine noch? Ich fliege nur her, will sehn ob du heiter bist, und gehn und es auch sein – Du bist's nicht.

LUISE. Doch, doch, mein Geliebter.

FERDINAND. Rede mir Wahrheit. Du bist's nicht. Ich schaue durch deine Seele, wie durch das klare Wasser dieses Brillanten. *(Er zeigt auf seinen Ring.)* Hier wirft sich kein Bläschen auf, das ich nicht merkte – kein Gedanke tritt in dies Angesicht, der mir entwischte. Was hast du? Geschwind! Weiß ich nur diesen Spiegel helle, so läuft keine Wolke über die Welt. Was bekümmert dich?

LUISE *(sieht ihn eine Weile stumm und bedeutend an, dann mit Wehmut).* Ferdinand! Ferdinand! Dass du doch wüsstest, wie schön in dieser Sprache das bürgerliche Mädchen sich ausnimmt –

FERDINAND. Was ist das? *(Befremdet.)* Mädchen! Höre! Wie kommst du auf das? – Du bist meine Luise. Wer sagt dir, dass du noch etwas sein solltest? Siehst du, Falsche, auf welchem Kaltsinn ich dir begegnen muss. Wärest du ganz nur Liebe für mich, wann hättest du Zeit gehabt, eine Vergleichung zu machen? Wenn ich bei dir bin, zerschmilzt meine Vernunft in einen Blick – in einen Traum von dir, wenn ich weg bin, und du hast noch eine Klugheit neben deiner Liebe? – Schäme dich! Jeder Augenblick, den du an diesen Kummer verlorst, war deinem Jüngling gestohlen.

LUISE *(fasst seine Hand, indem sie den Kopf schüttelt).* Du willst mich einschläfern, Ferdinand – willst meine Augen von diesem Abgrund hinweglocken, in den ich ganz gewiss stürzen muss. Ich seh in die Zukunft – die Stimme des Ruhms – deine Entwürfe – dein Vater – mein Nichts. *(Erschrickt, und lässt plötzlich seine Hand fahren.)* Ferdinand! ein Dolch über dir und mir! – Man trennt uns!

FERDINAND. Trennt uns! *(Er springt auf.)* Woher bringst du diese Ahndung, Luise? Trennt uns? – Wer kann den Bund zwoer Herzen lösen, oder die Töne eines Akkords auseinanderreißen? – Ich bin ein Edelmann – Lass doch sehen, ob mein Adelbrief älter ist, als der Riss zum unendlichen Weltall? oder mein Wappen gültiger als die Handschrift des Himmels in Luisens Augen: Dieses Weib ist für diesen Mann? – Ich bin des Präsidenten Sohn. Eben darum. Wer, als die Liebe, kann mir die Flüche versüßen, die mir der Landeswucher meines Vaters vermachen wird?

LUISE. O wie sehr fürcht ich ihn – diesen Vater!

2. Erarbeiten Sie die Szene in Gruppen zu je zwei Tandems: Tandem A bereitet einen sinn- und klanggestaltenden Lesevortrag des Dialogs zwischen Ferdinand und Luise vor. Tandem B gestaltet den Dialog in maximal fünf Standbildern. Beachten Sie dabei besonders die Regieanweisungen.

3. Geben Sie diesem Liebespaar eine Chance? Entwerfen Sie in Stichworten die Entwicklung der Handlung in den vier Akten, die dem Gespräch zwischen Ferdinand und Luise folgen könnten. Orientieren Sie sich am pyramidalen Aufbau eines Dramas nach Gustav Freytag.

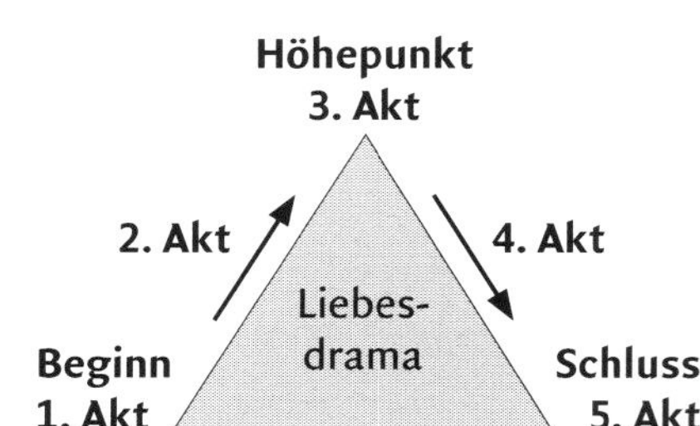

KOMPOSITIONSPRINZIPIEN DES DRAMAS

1. Dem Stück geht ein Personenverzeichnis voraus (Seite 3). Ordnen Sie die dort aufgeführten handelnden Personen je nach Standeszugehörigkeit der bürgerlichen oder der höfischen Welt zu. Klären Sie Begriffe, die auf ihre soziale Position verweisen (z. B. Hofmarschall, Favoritin).

Höfische Welt

____

____

____

Bürgerliche Welt

____

____

____

2. Erarbeiten Sie den Aufbau der Exposition des Dramas.

a) Übertragen Sie die folgende Grafik auf ein DIN-A5-Blatt und ordnen Sie die Szenen des ersten Akts so an, dass ihre Zugehörigkeit zur jeweiligen Lebenswelt und ihr Konfliktpotenzial für die Liebesbeziehung zwischen Luise und Ferdinand deutlich werden.

b) „Der Handlungsaufbau des Stücks ist durch das Kompositionsprinzip von Symmetrie und Gegensatz geprägt." Belegen Sie diese Aussage anhand der Exposition.

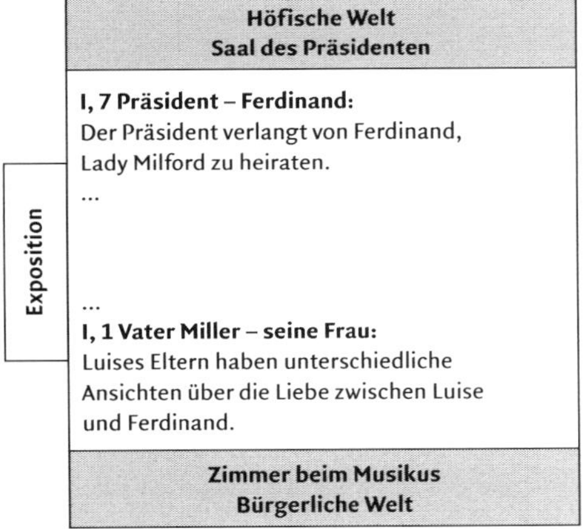

i

Exposition – erster Teil einer dramatischen Handlung. Aufgabe der Exposition ist die Darlegung der Verhältnisse und Zustände, aus denen der dramatische Konflikt entwickelt wird. Im neuzeitlichen Kunstdrama umfasst die Exposition beim fünfaktigen Drama ungefähr den ersten Akt.

Zitiert nach: WERNER HABICHT, WOLF-DIETER LANGE (Hg.): Der Literatur-Brockhaus. Mannheim: Brockhaus 1988, S. 637.

3. Vollziehen Sie den Aufbau des Dramas nach.

a) Gestalten Sie auch für die weiteren Akte ein DIN-A5-Blatt mit Anordnung der Szenen und Kurzbeschreibung der Handlung.

b) Ordnen Sie die ausgefüllten DIN-A5-Blätter nach dem nebenstehenden pyramidalen Schema auf einem Übersichtsplakat an.

c) Führen Sie weitere Beispiele für die Kompositionsprinzipien Symmetrie und Gegensatz an.

d) Zeigen Sie auf, in welchen Szenen der Umschwung der Handlung (Peripetie) stattfindet.

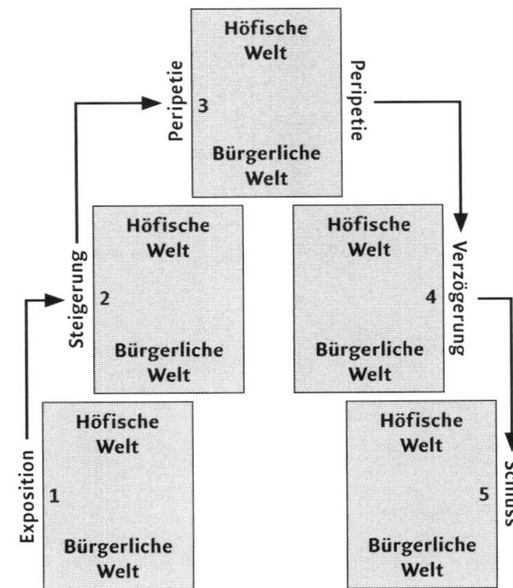

DIE HANDELNDEN PERSONEN

Füllen Sie während der Lektüre die folgenden Steckbriefe aus. Falls im Text keine Informationen genannt werden, lassen Sie die jeweilige Kategorie frei. Ergänzen Sie geeignete Textbelege (Akt, Szene; Seiten- und Zeilenangabe).

Luise Miller

Stand / Beruf: ______

______

Alter: ______

Äußeres: ______

Wer oder was ist ihr wichtig? ______

______

Ängste: ______

Wünsche / Ziele / Träume: ______

______

Fähigkeiten: ______

Drei charakteristische Adjektive: ______

______

Vater Miller

Stand / Beruf: ______

______

Alter: ______

Äußeres: ______

Wer oder was ist ihm wichtig? ______

______

Ängste: ______

Wünsche / Ziele / Träume: ______

______

Fähigkeiten: ______

Drei charakteristische Adjektive: ______

______

Ferdinand von Walter

Stand / Beruf: ______

______

Alter: ______

Äußeres: ______

Wer oder was ist ihm wichtig? ______

______

Ängste: ______

Wünsche / Ziele / Träume: ______

______

Fähigkeiten: ______

Drei charakteristische Adjektive: ______

______

Herr von Walter

Stand / Beruf: ______

______

Alter: ______

Äußeres: ______

Wer oder was ist ihm wichtig? ______

______

Ängste: ______

Wünsche / Ziele / Träume: ______

______

Fähigkeiten: ______

Drei charakteristische Adjektive: ______

______

TEXTKENNTNISTEST (1)

Schreiben Sie die Antworten auf die Schreiblinien bzw. kreuzen Sie die zutreffenden Aussagen an. Bei den Multiple-Choice-Aufgaben sind Mehrfachnennungen möglich.

1. Was ist eine Exposition? 1

____

2. Nennen Sie zwei für dieses Drama typische Kompositionsprinzipien mit je einem Beispiel. 2

______________________________ ______________________________

3. Was ist eine Kabale? 1
- ☐ ein veraltetes Wort für eine sexuelle Affäre
- ☐ eine mystische Tradition innerhalb des Christentums
- ☐ ein veraltetes Wort für eine Intrige
- ☐ ein höfisches Fest

4. Was für ein Drama ist „Kabale und Liebe“? 1
- ☐ ein bürgerliches Trauerspiel aus dem 17. Jahrhundert
- ☐ ein ernstes Lustspiel aus dem 17. Jahrhundert
- ☐ ein bürgerliches Trauerspiel aus dem 18. Jahrhundert
- ☐ ein ernstes Lustspiel aus dem 18. Jahrhundert

5. Welche Ansichten äußern Vater und Mutter Miller zu Beginn des Stücks? 1,5
- ☐ Die Mutter fühlt sich geschmeichelt, dass Ferdinand ihrer Tochter den Hof macht.
- ☐ Der Vater weiß nicht, ob er Luise dem Sekretär oder Ferdinand zur Frau geben soll.
- ☐ Die Mutter hat Angst um den guten Ruf ihrer Tochter.
- ☐ Der Vater freut sich über den Heiratsantrag des Sekretärs.
- ☐ Vater und Mutter halten beide nicht viel vom Sekretär.

6. Welchen Aussagen über den Präsidenten stimmen Sie zu? 1
- ☐ Er ist der mächtigste Mann am Hof.
- ☐ Er möchte nicht, dass sein Sohn eine Affäre mit einer Bürgerstochter hat.
- ☐ Er hat sich sein Amt mit unrechtmäßigen Mitteln erschlichen.
- ☐ Er ist für die höfischen Festivitäten zuständig.

7. Was ist eine Peripetie und wie zeigt sie sich in der Beziehung des Liebespaars? 1,5

____

____

____

8. Was trifft auf Lady Milford zu? 1
- ☐ Sie ist eine Britin aus dem Geschlecht der Norfolk.
- ☐ Sie ist die Frau des Herzogs.
- ☐ Sie liebt Ferdinand.
- ☐ Sie liebt das Volk.

TEXTKENNTNISTEST (2)

9. Worin besteht der Plan, den Wurm dem Präsidenten vorschlägt? Nennen Sie drei Bestandteile. 1,5

____

____

10. Wie heißt Ferdinands vermeintlicher Nebenbuhler mit Titel und Namen? 0,5

____

11. Welche Folgen hat Wurms Plan für Luises Eltern? 1,5

- ☐ Der Vater wird vom Herzog einem ausführlichen Verhör unterzogen.
- ☐ Der Vater wird zum Straßenmusikanten degradiert.
- ☐ Die Eltern werden außer Landes geschickt.
- ☐ Die Eltern werden in Haft genommen.
- ☐ Die Mutter kommt ins Spinnhaus.

12. Wie reagiert Ferdinand, als er auf seinen vermeintlichen Rivalen trifft? 1

- ☐ Er will sich zunächst mit ihm duellieren.
- ☐ Er will ihn vor Gericht anklagen.
- ☐ Er stößt ihn mit Verachtung zur Tür hinaus.
- ☐ Er schenkt ihm keinerlei Beachtung.

13. Was macht Lady Milford nach ihrer Begegnung mit Luise? Nennen Sie drei Verhaltensweisen. 1,5

____

____

14. Wie verhält sich Ferdinand im letzten Akt? 1,5

- ☐ Er schenkt Luises Vater einen Beutel Goldstücke.
- ☐ Er bittet Luises Vater, dem Präsidenten ein Schreiben zu überbringen.
- ☐ Er will ein Glas Limonade trinken.
- ☐ Er fragt Luise, ob sie einen Brief an einen anderen Mann geschrieben hat.
- ☐ Er kommt, um Luise umzubringen.

15. Was versteht Luise im Gespräch mit ihrem Vater unter dem „dritten Ort"? 1

____

16. Wie reagieren der Präsident und der Sekretär angesichts des sterbenden Ferdinands? Nennen Sie drei Verhaltensweisen. 1,5

____

____

17. Notieren Sie auf einem Extrablatt, wie Ihnen das Drama gefallen hat. Begründen Sie Ihre Meinung. Diese Aufgabe wird selbstverständlich nicht bewertet. Punkte gesamt

DIE HANDLUNGSSTRUKTUR

Personen/Bereiche	1. Akt (Exposition)	2. Akt (Steigerung)	3. Akt (Peripetie)	4. Akt (Verzögerung)	5. Akt (Katastrophe)
Höfische Welt Präsident von Walter Sohn Ferdinand (F.) Hofmarschall v. Kalb Lady Milford Sekretär Wurm Kammerjungfer Sophie Kammerdiener	**I, 7** Präsident, Ferdinand: *F. soll sich in die Heirat mit Lady Milford fügen.* **I, 6** Präsident, v. Kalb: *Plan, F. und Lady Milford zu verheiraten, wird publik.* **I, 5** Präsident, Wurm: *verschiedene Ansichten über die Liebe zwischen F. und L.*	**II, 1** Lady Milford, Kammerjungfer: *Lady Milford gesteht sich die Liebe zu F. ein.* **II, 2** Lady Milford, Kammerjungfer und -diener: *Lady Milford übt Kritik an der Politik des Fürsten.* **II, 3** Lady Milford, Ferdinand: *F. bekennt seine Liebe zu L. und enttäuscht Lady Milford.*	**III, 1** Präsident, Wurm: *Wurm entfaltet Plan der Kabale.* **III, 2** Präsident, v. Kalb: *Der Hofmarschall wird in der Kabale zum fingierten Liebhaber.* **III, 3** Präsident, Wurm: *Ls Eltern sind verhaftet, alles geht nach Plan.*	**IV, 1** Ferdinand, Kammerdiener: *F. hat den fingierten Brief gefunden, sucht v. Kalb.* **IV, 2** Ferdinand: *F. ist von L. bitter enttäuscht.* **IV, 3** Ferdinand, v. Kalb: *Die vermeintlichen Rivalen treffen aufeinander, aber ohne Duell.* **IV, 4** Ferdinand: *F. beschließt, L. zu töten.* **IV, 5** Ferdinand, Präsident: *Der Präsident tut so, als würde er die Heirat von F. und L. akzeptieren.*	
Kontakt- und Konfliktzone	**I, 4** Das Liebespaar: *Beziehungskonflikt* *Ls Furcht,* *Fs Absolutheit*	**II, 5** und **II, 6** Vater Miller, Frau Miller, Luise, Ferdinand, Präsident: *Die Klassen prallen aufeinander; der Präsident wendet Gewalt an; F. erzwingt Ls Freilassung.* **II, 5** Vater Miller, Frau Miller, Luise, Ferdinand: *F. schwört L. ewige Treue.*	**III, 4** Das Liebespaar: *Zerwürfnis* *Ls Entsagung,* *Fs Eifersucht*	**IV, 6** Lady Milford, Kammerjungfer: *Die Lady will L. demütigen.* **IV, 7** Lady Milford, Luise: *Die Rivalinnen treffen aufeinander, L. bleibt selbstbewusst.* **IV, 8** und **IV, 9** Lady Milford, Kammerdiener und -jungfer, v. Kalb: *Lady Milford ist beschämt, verteilt ihr Geld und verlässt das Land.*	**V, 8** Das Liebespaar, Präsident, Vater Miller, Wurm, Bediente, Gerichtsdiener und Volk: *F. vergibt dem Präsidenten und stirbt; Präsident lässt sich festnehmen.* **V, 7** Das Liebespaar: *Tod und Versöhnung* *F. vergiftet sich und L.;* *L. enthüllt ihm die Kabale.* **V, 3 / V, 4 / V, 5** und **V, 6** Vater Miller, Ferdinand, Luise: *Miller und F. erinnern sich zurück; F. (allein) plant, L. zu vergiften; F. gibt Vater Miller Gold; F. schickt Miller zum Präsidenten.* **V, 2** Vater Miller, Luise, Ferdinand: *F. erhält Gewissheit, dass der Brief von L. stammt.*
Herr Miller Frau Miller Tochter Luise (L.) Sekretär Wurm **Bürgerliche Welt**	**I, 3** Vater Miller, Frau Miller, Luise: *L. will F. auf Erden entsagen.* **I, 2** Vater Miller, Frau Miller, Sekretär Wurm: *erfolgloser Heiratsantrag Wurms* **I, 1** Vater Miller, Frau Miller: *verschiedene Ansichten über die Liebe zwischen L. und F.*	**II, 4** Vater Miller, Frau Miller, Luise: *Sie haben Angst vor dem Präsidenten.*	**III, 5** Luise, Wurm: *L. wartet auf Eltern, Wurm schleicht sich herein.* **III, 6** Luise, Wurm: *Wurm diktiert L. einen Brief an den fingierten Liebhaber.*		**V, 1** Vater Miller, Luise: *Vater bringt L. davon ab, Selbstmord zu begehen.*

Kabale-Handlung | Liebes-Handlung

DER BÜRGERLICHE HAUSVATER UND SEINE FAMILIE

1. Finden Sie im Text die genauen Belegstellen für die folgenden Aussprüche Millers aus dem ersten Akt. Notieren Sie Szene, Seitenzahl und Zeilenangaben.

① Ich werde sprechen zu Seiner Exzellenz: Dero Herr Sohn haben ein Aug auf meine Tochter; meine Tochter ist zu schlecht zu Dero Herrn Sohnes Frau, aber zu Dero Herrn Sohnes Hure ist meine Tochter zu kostbar, und damit basta! – Ich heiße Miller. (________________)

Stell den vermaledeiten Kaffee ein, und das Tobakschnupfen, so brauchst du ②a deiner Tochter Gesicht nicht zu Markt zu treiben. Ich hab mich satt gefressen, und immer ein gutes Hemd auf dem Leib gehabt, eh so ein vertrackter Tausendsasa ②b in meine Stube geschmeckt hat. (________________)

③ MILLER *(eilt auf sie zu, drückt sie wider seine Brust).* [...] teures – herrliches Kind – Nimm meinen alten mürben Kopf – nimm alles – alles! – den Major – Gott ist mein Zeuge – ich kann dir ihn nimmer geben. (________________)

④ Dem muss man so was an die Nase heften, wenn's morgen am Marktbrunnen ausgeschellt sein soll. Das ist just so ein Musje, wie sie in der Leute Häusern herumriechen, über Keller und Koch räsonieren, und springt einem ein nasenweises Wort übers Maul – Bumbs! haben's Fürst und Matress und Präsident, und du hast das siedende Donnerwetter am Halse. (________________)

⑤ Willst du dein Maul halten? Willst das Violoncello am Hirnkasten wissen? (________________)

⑥ Einmal für allemal. Der Handel wird ernsthaft. Meine Tochter kommt mit dem Baron ins Geschrei. Mein Haus wird verrufen. Der Präsident bekommt Wind, und – kurz und gut, ich biete dem Junker aus. (________________)

⑦ Einem Liebhaber, der den Vater zu Hilfe ruft, trau ich – erlauben Sie, – keine hohle Haselnuss zu. Ist er was, so wird er sich schämen, seine Talente durch diesen altmodischen Kanal vor seine Liebste zu bringen – Hat er's Courage nicht, so ist er ein Hasenfuß, und für den sind keine Luisen gewachsen – – (________________)

2. An wen wendet sich Miller in den oben stehenden Zitaten bzw. über wen spricht er? Tragen Sie die entsprechenden Ziffern in das Schaubild ein. Die Unterstreichungen verdeutlichen den Bezug.

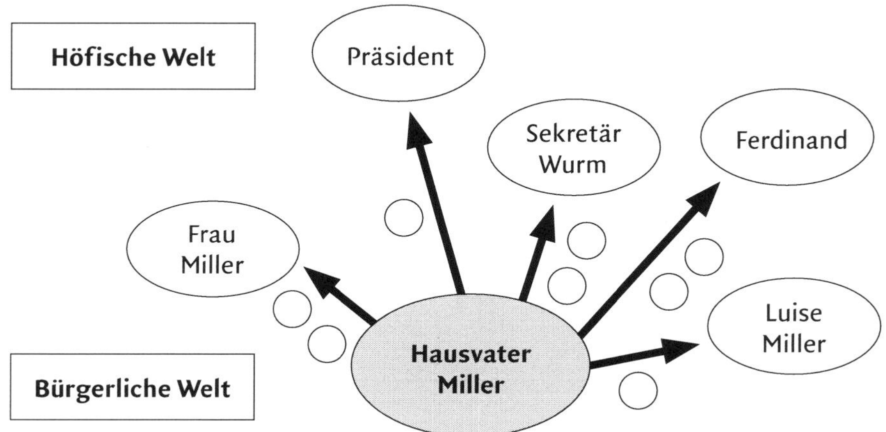

3. Charakterisieren Sie auf der Grundlage Ihrer bisherigen Ergebnisse den Hausvater Miller. Inwiefern wird er seiner Rolle gegenüber den oben genannten Personen gerecht?

DIE BEDROHTE STÄNDISCHE ORDNUNG DES MUSIKMEISTERS MILLER

1. Arbeiten Sie aus dem folgenden Lexikonartikel die wesentlichen Merkmale eines Stadtpfeifers heraus. Recherchieren Sie im Internet, in einer Enzyklopädie oder einem Geschichtsbuch, welche historischen Fakten den dort beschriebenen Niedergang des Zunftwesens und das Aussterben des Stadtpfeifers bewirkt haben.

i

Stadtpfeifer → von Städten angestellte Instrumentisten; an kleineren Orten ein Meister, der zusammen mit seinen Gesellen eingesetzt wurde, an größeren Orten die Gruppe der vier bis acht Rats- oder Stadtmusiker. In den meisten Ländern Mittel- und Westeuropas lassen sich bereits im 14. und 15. Jahrhundert städtische Musiker nachweisen, doch wurden diese vielfach nur für begrenzte Zeit angestellt und nur für einzelne Leistungen honoriert. Zu festen Institutionen wurden die Stadtpfeifereien in zahlreichen, auch kleineren Städten in der zweiten Hälfte des 16. Jahrhunderts, als Schulchöre und Kantoreien zur Aufführung mehrstimmiger Kirchenmusik die Unterstützung von Instrumentisten benötigten. Daneben gehörte es zu den Aufgaben der Stadtpfeifer, repräsentative oder unterhaltende Musik bei städtischen Feiern, Aufmärschen, Fürstenbesuchen oder Ratszusammenkünften auszuführen. In Universitätsstädten wirkten Stadtpfeifer bei akademischen Feiern und Promotionen mit; in Residenzen verstärkten sie bei besonderen Gelegenheiten die Hofmusik. [...]

Neben einer relativ geringen festen Besoldung bildete die Haupteinnahmequelle der Stadtpfeifer das Aufspielen bei Hochzeiten und Geselligkeiten in Privathäusern. [...]

Oft gingen die Söhne von Stadtpfeifern bei ihren Vätern in die Lehre; an mehreren Orten haben Familien durch Generationen hindurch das Stadtpfeifer-Amt innegehabt. Stets mussten sich die Stadtpfeifer gegen die Konkurrenz von nicht privilegierten oder nicht als Zunft zusammengeschlossenen Musikern wehren. Zur Wahrung ihrer Privilegien schlossen sich 1653 zahlreiche [...] Stadtpfeifereien zu einer überregionalen zunftähnlichen Organisation [...] zusammen, vereinheitlichten die Lehrlingsausbildung und verpflichteten sich zu sittlichem Lebenswandel [...].

Parallel zum Niedergang des Zunftwesens setzte im 18. Jahrhundert der Niedergang der Stadtpfeifereien ein.

Hans Heinrich Eggebrecht, Wilibald Gurlitt (Hg.): Riemann Musiklexikon, Bd. 3. Mainz 1967, S. 896 f.

2. Stadtpfeifer wurden auch Kunstpfeifer genannt. Mit dieser Bezeichnung verweist Schiller im Personenverzeichnis ausdrücklich auf Millers Zugehörigkeit zu dieser Zunft. Finden Sie im Drama weitere Indizien für Millers Berufsstand und für den Stellenwert, den die Musik in seinem Haus einnimmt.

3. Interpretieren Sie die unten stehende Grafik.
a) Inwieweit stellen die Interaktionen und Ambitionen der Figuren eine Bedrohung für die patriarchalische Welt des Hausvaters Miller dar?
b) Zeigen Sie auf, wie diese Bedrohung im Dramenverlauf reale Konturen annimmt.

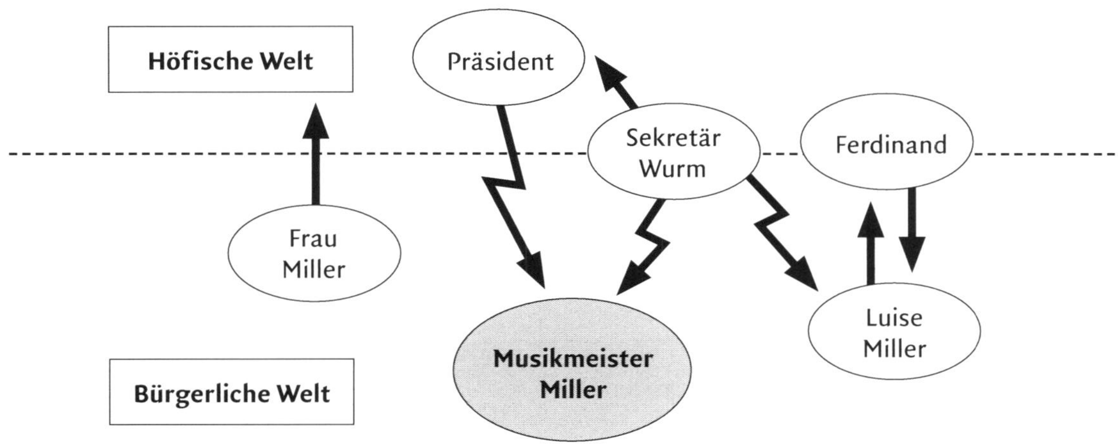

HÖFISCHES ZEREMONIELL: ETIKETTE UND ANSEHEN (1)

1. Beschreiben Sie die beiden Abbildungen aus Chodowieckis Folge „Natürliche und affektierte Handlungen des Lebens“. Legen Sie begründet dar, welche Abbildung Sie den „natürlichen“ und welche Sie den „affektierten Handlungen“ zuordnen würden.

Abbildung 1

© bpk

DANIEL NIKOLAUS CHODOWIECKI,
Der Gruß (Radierung 1778)

Abbildung 2

© bpk

DANIEL NIKOLAUS CHODOWIECKI,
Der Gruß (Radierung 1778)

2. Ordnen Sie den folgenden Aussagen die Belegstellen zu. Achtung: Eines der Zitate stammt nicht aus „Kabale und Liebe“, sondern ist frei erfunden.

① „Serenissimus schicken mich, Mylady zu fragen, ob diesen Abend Vauxhall sein werde, oder teutsche Komödie?“ (________________)

② „Ah guten Morgen, mein Bester! Wie geruht? Wie geschlafen?“ (________________)

③ „Sie verzeihen doch, dass ich so spät das Vergnügen habe – dringende Geschäfte – der Küchenzettel – Visitenbillets – das Arrangement der Partien auf die heutige Schlittenfahrt […]“ (________________)

④ „Sie Ärmster! Quel programme! Aber teutsche Komödie nicht auszudenken! Ich bitte Sie, melden Sie Serenissimus, er wisse doch, ich präferiere Vauxhall! Ich liebe den Ball, s’il vous plaît.“ *(Überreicht ihm ein Papier.)* (________________)

⑤ „Und dieses Billet soll ich Seiner Hochfürstlichen Durchlaucht zu Höchsteigenen Händen geben?“ (________________)

3. Stellen Sie in Partnerarbeit ein höfisches Begrüßungszeremoniell nach.
a) Üben Sie die auf den Bildern dargestellten Posen.
b) Lesen Sie die oben angeführten Zitate mit möglichst „höfischer“ Betonung.
c) Sprechen Sie dann den Text mit verteilten Rollen mit begleitender Mimik und Gestik.

HÖFISCHES ZEREMONIELL: ETIKETTE UND ANSEHEN (2)

1. Erklären Sie, welche Bedeutung der Kleiderordnung in der Ständegesellschaft zukam.

Art des HANS SEBALD BEHAM, Die Stände (Holzschnitt um 1520/30)

2. Welches hierarchische Prinzip lässt sich in der dargestellten Rangfolge erkennen?

Kleiderordnung in der Residenzstadt Stuttgart vom Herzog 1712 erlassen

1. Rang	Hofmarschälle, Geheime Räte, darunter der Präsident und hohe Militärs
2. Rang	Kammerjunker, Obervögte
3. Rang	Oberlieutenants, Majore, höhere Kanzleibeamte
4. Rang	Kassierer, Sekretäre, Geistliche, Ärzte, Lieutenants
5. Rang	Niedere Kanzleibeamte, Hofdiener, Stadtbürgermeister, Pfarrer
6. Rang	Untere Landbeamte, Apotheker, Künstler
7. Rang	Handwerker, gemeine Bürger
8. Rang	Reitknechte, Dorfschultheißen
9. Rang	Gemeine Bauersleute

Zitiert nach: PAUL MÜNCH: Lebensformen in der Frühen Neuzeit. 1500 bis 1800. Berlin 1998, S. 102 f.

3. Schiller schrieb sein Drama gut 70 Jahre nach dem Erlass der oben abgebildeten Kleiderordnung. Weisen Sie den Herren von Walter, von Kalb, Ferdinand, Miller und Wurm entsprechend der in der Lektüre beschriebenen gesellschaftlichen Position den angemessenen Rang zu.

HÖFISCHES SPIEL: KARRIERE UND KABALE

Um in der höfischen Kultur des äußeren Scheins und des Zeremoniells Karriere zu machen, ist neben der adligen Herkunft vor allem auch die Fähigkeit entscheidend, sich geschickt zu positionieren und wirkungsvoll in Szene zu setzen. Die höfische Welt ist eine Bühne und das Stück, das gespielt wird, ist die Inszenierung der eigenen Person. Doch ist das Streben nach Macht nicht allein dadurch von Erfolg gekrönt, dass man mit den eigenen Stärken sticht. Ebenso wichtig ist es, die Schwächen der anderen genau zu kennen, um die jeweiligen Personen gegeneinander auszuspielen. Nur dann kann das höfische Spiel seine volle Wirkungskraft entfalten.

1. Welche Trümpfe sollte man nach Ansicht des Präsidenten in der Hand halten, um bei Hof Karriere zu machen? Ordnen Sie den Spielkarten die im Gespräch mit Wurm (I, 5) genannten Eigenschaften zu. Erläutern Sie dem Beispiel entsprechend, wie diese im höfischen Kontext zu verstehen sind.

Herzdame = Geschmack:
Die Attraktivität der Dame dient bei Hof allein repräsentativen Zwecken; die Frau wird zum Vorzeigeobjekt, zum hübschen Accessoire, das den Geschmack des Herrn unterstreicht.
Der Höfling steht im Vordergrund, die Dame ist nur Beiwerk.
→ **Die Egozentrik des höfischen Spiels**

Die Kunst des höfischen Spiels ist dem Präsidenten von Walter durchaus vertraut. Wenn er Ferdinand mit der einflussreichen Mätresse des Herzogs verheiraten will, macht er seinen Sohn zu einer Figur in seinem Spiel um Machterweiterung. Aber Ferdinand reagiert nicht wie erwartet. Erst mithilfe des Sekretärs führen die Spielzüge zum gewünschten Ergebnis. Wurm kennt die Eigenheiten und Schwächen der Mitspieler Ferdinand, Luise und Miller und weiß, wie er sich diese zunutze machen kann. Der Präsident muss nur noch mit rhetorischem Geschick den Hofmarschall zum Mitspielen bewegen – schon kann das Ränkespiel, die Kabale, beginnen ...

2. Erklären Sie, welche Schwächen sich der Präsident und Sekretär Wurm in der Hofkabale bei ihren unfreiwilligen Mitspielern Luise, Ferdinand und von Kalb jeweils zunutze machen.

3. Verfassen Sie einen kurzen Ratgeber für einen jungen Mann, der bei Hof Karriere machen will. Schließen Sie mit einem kritischen Absatz über den moralischen Wert des erwünschten Verhaltens.

KONFLIKTFELD ZWISCHEN BÜRGERLICHER UND HÖFISCHER WELT

1. Stellen Sie Verhaltensweisen und Werte der beiden Stände einander gegenüber. Berücksichtigen Sie dabei die vorgegebenen Kategorien.

Ort | Verhalten | Standesehre | Verhältnis zwischen Eltern und Kindern | Werte

Bürgerliche Welt
privat

Höfische Welt
öffentlich

Luise **Ferdinand**

Lady Milford **Sekretär Wurm**

KONFLIKTFELD

Repräsentant:
Hausvater Miller

Repräsentant:
Präsident von Walter

2. Luise, Ferdinand, Lady Milford und Wurm können in Bezug auf ihr Denken und Handeln nicht eindeutig einem Stand zugeordnet werden. Notieren Sie stichwortartig Situationen, in denen sie ihrem Stand entsprechen, und Situationen, in denen sie die Standesschranken überschreiten. Ergänzen Sie geeignete Textbelege.

FERDINAND UND DIE LIEBE

1. Ferdinand ist aufgrund seiner an der Akademie erworbenen Grundsätze kein typischer Höfling. Arbeiten Sie aus dem folgenden Zitat seine Vorstellung von Glück heraus und stellen Sie sie anhand der entsprechenden Textstelle (I, 7; S. 23, Z. 4 – S. 25, Z. 11) dem höfischen Glücksbegriff seines Vaters gegenüber.

„Mein Ideal von Glück zieht sich genügsamer in mich selbst zurück. In meinem Herzen liegen alle meine Wünsche begraben. –“
(I, 7; S. 24, Z. 25–27)

2. „Liebe ist eine Sache des Herzens!“ – Diese Überzeugung der Stürmer und Dränger liegt auch Ferdinands Vision von der großen Liebe zugrunde. Notieren Sie stichwortartig weitere Punkte, in denen Ferdinands Liebesideal dem Geist des „Sturm und Drang“ entspricht. Berücksichtigen Sie auch den Kontext der unten angegebenen Zitate.

„Frei wie ein Mann will ich wählen, dass diese Insektenseelen am Riesenwerk meiner Liebe hinaufschwindeln.“
(II, 5; S. 46, Z. 9–11)

„Hier, Luise! Deine Hand in die meinige. [...] Der Augenblick, der diese zwo Hände trennt, zerreißt auch den Faden zwischen mir und der Schöpfung.“
(II, 5; S. 46, Z. 34 – S. 47, Z. 2)

„Es ist die höchste Gefahr – – und die höchste Gefahr musste da sein, wenn meine Liebe den Riesensprung wagen sollte. [...] du, Luise, und ich und die Liebe! – Liegt nicht in diesem Zirkel der ganze Himmel? oder brauchst du noch etwas Viertes dazu?“ (III, 4; S. 63, Z. 23–30)

„Richter der Welt! Fodre sie mir nicht ab. Das Mädchen ist mein. [...] Ich einst ihr Gott, jetzt ihr Teufel!“
(IV, 4; S. 80, Z. 25 – S. 81, Z. 2)

„Wusstest du, was du mir warest, Luise? [...] Du wusstest nicht, dass du mir alles warest! Alles! – Es ist ein armes verächtliches Wort, aber die Ewigkeit hat Mühe, es zu umwandern, Weltsysteme vollenden ihre Bahnen darin – Alles! Und so frevelhaft damit zu spielen – O es ist schrecklich –“
(V, 2; S. 104, Z. 35 – S. 105, Z. 4)

3. Beurteilen Sie Ferdinands Anspruch an die „große Liebe“. Welche Gefahren sind damit verbunden?

4. Was verstehen wir heute unter der „großen Liebe“? Vergleichen Sie Ihre Vorstellungen mit Ferdinands Liebesideal.

LUISE UND DIE VÄTER

1. Welchen der in der Pyramide aufgeführten Väter meint Luise in den folgenden Zitaten? Begründen Sie Ihre Wahl, indem Sie die jeweilige Situation genauer erläutern.

„Er wird nicht wissen, dass Ferdinand mein ist, mir geschaffen, mir zur Freude vom Vater der Liebenden.“ ______________ (I, 3; S. 13, Z. 28–30)

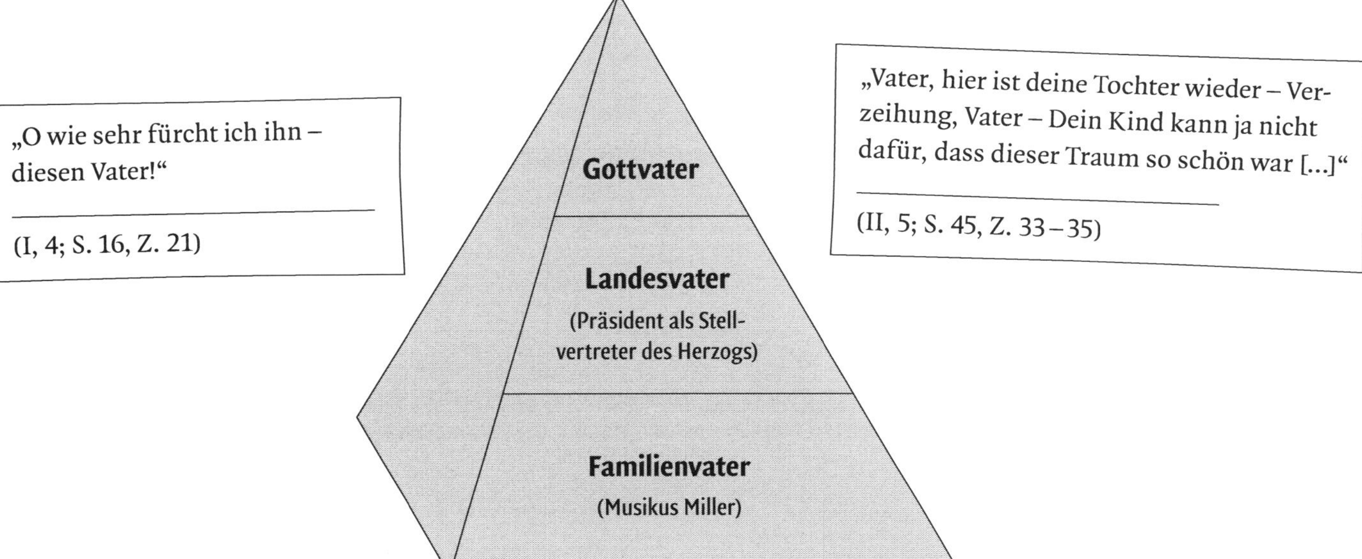

„O wie sehr fürcht ich ihn – diesen Vater!“

____

(I, 4; S. 16, Z. 21)

„Vater, hier ist deine Tochter wieder – Verzeihung, Vater – Dein Kind kann ja nicht dafür, dass dieser Traum so schön war […]“

____

(II, 5; S. 45, Z. 33–35)

„Lass mich die Heldin dieses Augenblicks sein – einem Vater den entflohenen Sohn wiederschenken […]“

____

(III, 4; S. 65, Z. 16–18)

„Und meine Mutter – mein Vater – Heiland der Welt! mein armer verlorener Vater! Ist keine Rettung mehr?“

____

(V, 7; S. 117, Z. 28 f.)

2. Welchen Einfluss hat die „Väterpyramide“ auf Luises Denken, insbesondere auf ihre Entscheidungen im fünften Akt?

3. „Verbrecherin, wohin ich mich neige!“ – Erklären Sie, in welchem Zwiespalt sich Luise zu Beginn des letzten Akts befindet.

WAS IST LIEBE?

1. Der Soziologe John Alan Lee entwickelte 1973 ein Schema, nach dem man unterschiedliche Liebesstile klassifizieren kann.
a) Stellen Sie begründet dar, welche der unten dargestellten Auffassungen von Liebe Ihnen am ehesten entspricht.
b) In einer Studie wurden 198 Erwachsene beiderlei Geschlechts befragt, welche Liebesstile sie am zufriedensten stimmten. Stellen Sie Vermutungen über das Ergebnis an.

Eros (der griech. Gott der Liebe):
Die romantische Liebe
Die leidenschaftliche und romantische Liebe, wie sie in Filmen und Romanen oft thematisiert wird. Weitere mögliche Merkmale: Liebe auf den ersten Blick; die körperliche Anziehung ist entscheidend.

Storge (griech. „Zärtlichkeit", „Zuneigung"):
Die freundschaftliche Liebe
Die verlässliche, freundschaftliche Liebe, die sich aus gemeinsamen Eigenheiten und Gewohnheiten ergibt. Weitere mögliche Merkmale: erwächst oft allmählich aus einer Freundschaft; die Partner kooperieren gut und streiten selten; Vertrauen und Sicherheit stehen im Mittelpunkt.

Agape (griech. „Nächstenliebe"):
Die schenkende, selbstlose Liebe
Die selbstlose, „altruistische" Liebe, die die eigenen Bedürfnisse zurückstellt und alles für den anderen gibt. Weitere mögliche Merkmale: Man steht dem Partner bei, auch wenn dies auf Kosten eigener Interessen geht; hilfsbereites Verhalten bis hin zur Selbstaufopferung.

Mania (von griech. „manie" = „Raserei", „Wahnsinn"):
Die besitzergreifende Liebe
Die absolute Hingebung in der Liebe. Die geliebte Person wird zum Lebensmittelpunkt und erscheint so vollkommen, dass man ohne sie nicht leben will. Weitere mögliche Merkmale: Eifersuchtsanfälle; besitzergreifendes Verhalten; übersteigerte Liebe bis zur Hörigkeit; kann wahnhafte Züge annehmen.

Ludus (lat. „Spiel"): Die spielerische Liebe
Die spielerische Liebe ohne Verbindlichkeit, oft verbunden mit häufigen Partnerwechseln oder einer Beziehung zu mehreren Partnern gleichzeitig. Weitere mögliche Merkmale: Liebe als Affäre, als „One-Night-Stand"; Spaß und Eroberung zur Stärkung des eigenen Ansehens stehen im Vordergrund.

Pragma (von griech. „pragmatike" = „die Kunst, richtig zu handeln"): Die pragmatische Liebe
Der Partner wird aus verstandesmäßigen, zweckorientierten Erwägungen heraus ausgewählt. Weitere mögliche Merkmale: Liebe zielt auf eine wechselseitige Befriedigung der Bedürfnisse ab; Gefühle werden eher verdrängt oder weniger wichtig genommen; praktisches, illusionsfreies Vorgehen bei der Partnerwahl.

2. Welche der oben beschriebenen Liebesstile favorisieren wohl die folgenden Figuren aus Schillers Trauerspiel: Präsident von Walter, Ferdinand von Walter, Luise, Lady Milford, Vater Miller und Sekretär Wurm? Es können auch Mischformen vorliegen. Begründen und belegen Sie Ihre Zuordnung.

3. Was wäre, wenn …? Stellen Sie sich vor, Ferdinand und Luise hätten eine etwas andere Liebesauffassung, als in der „Kabale" beschrieben: Welchen Ausgang könnte dann die Liebesgeschichte nehmen? Skizzieren Sie Ihren alternativen Entwurf in Stichworten.

3. SPRACHE UND STIL

EINFÜHRUNG

Die Sprache in „Kabale und Liebe" stellt den Leser vor einige Herausforderungen. Dies liegt nicht nur daran, dass der dramatische Text über zweihundert Jahre alt ist, sondern auch daran, dass er stark von einer Sprachformung des Autors geprägt ist, die damals schon Schwierigkeiten bereitete und auf Kritik stieß. So schrieb beispielsweise Clemens Brentano über das dramatische Frühwerk Schillers: „In den ersten drei Schauspielen ist die Fabel unendlich schöner als seine Sprache, welche häufig unnatürlich, geschwollen, bombastisch, manchmal beinah lächerlich, oft recht gesucht, ohne allen Puls und übermäßig vollblütig ist" (Wolfgang Frühwald / Friedhelm Kemp (Hg.): Clemens Brentano. Werke, Bd. 2. München 1978, S. 1110). Was dem Romantiker hier missfällt, ist nicht nur das zur Übertreibung neigende Sturm-und-Drang-Pathos, wie es sich vor allem in der Figur des Ferdinand manifestiert, sondern eine absichtlich gesteigerte rhetorische Sprache, die mit ihren Antithesen und Metaphern die Rede fast aller Figuren kennzeichnet.

Dabei ist die kunstvoll geformte Sprache in einer Weise differenziert, dass sie viel von Charakter und Stand, aber auch von den verschiedenen Wertorientierungen der jeweiligen Figur verrät. Deutlich wird dies für die Schüler bereits bei der Arbeit an einigen Teilaufgaben aus dem 2. Kapitel: So wie Ferdinands hyperbolischer Sprachgebrauch auf den unbedingten Liebesanspruch des Idealisten hinweist (vgl. weiterführende Anregung zur KV „Ferdinand und die Liebe" auf S. 30), so kommt in den Manierismen vor allem des Hofmarschalls von Kalb das affektierte Verhalten des Höflings zum Ausdruck (vgl. KV „Höfisches Zeremoniell: Etikette und Ansehen (1)", S. 42). Das Verständnis des Textes wird dadurch erschwert, dass einige Begriffe je nach Figur und damit verbundenem Konzept ganz unterschiedlich gebraucht werden. Der höfische Machtpolitiker mag ein anderes Verständnis von „Glück" haben (vgl. KV „Höfisches Spiel: Karriere und Kabale", S. 44) als der empfindsame Mensch (vgl. KV „Ferdinand und die Liebe", S. 46), und der Begriff „Vater" kann in der Tradition einer patriarchalisch geprägten Religiosität auf unterschiedlichen Ebenen verstanden werden (z. B. als Gott- oder Landesvater, vgl. KV „Luise und die Väter", S. 47).

Die Kopiervorlagen des folgenden Kapitels sollen den Blick für diese sprachlichen und stilistischen Besonderheiten des Stücks schärfen. Gleichzeitig wird gezeigt, dass Schiller bei aller künstlerischen Durchformung mit seiner „Kabale" die Sprache der Stände seiner Zeit einzufangen versuchte, mithin also auch jene sprachlichen Konventionen, denen er in ihrer Eigenheit, aber auch Floskelhaftigkeit und Verlogenheit selbst ausgesetzt war und kritisch gegenüberstand.

Die Analyse des Sprachgebrauchs der Eheleute Miller stellt die Sprache des Zunftbürgers in den Mittelpunkt und bringt überdies zum Vorschein, dass Redeweise und Bildlichkeit sowohl ständisch als auch charakterlich geprägt sind. Letztlich konnte sich auch Schiller nicht so einfach von der Zugehörigkeit zu einer sozialen Schicht und den Normen seiner Zeit befreien, wie ein Bittschreiben an seinen Fürsten mit äußerst devoten Phrasen dokumentiert. Als Untertan hatte man im Absolutismus den Herrschenden gegenüber eine „untertänigste" Sprache zu verwenden, auch wenn man sich geistig über sie erhaben glaubte. In dieser Diskrepanz deutet sich das trügerische Potenzial der Sprache an, das den Liebenden, wie der Ausgang von „Kabale und Liebe" zeigt, letztlich zum Verhängnis wird.

Lernziele

- Die Schüler arbeiten an Textauszügen heraus, dass im Sprachgebrauch der Figuren sowohl die Standeszugehörigkeit als auch charakterliche Eigenheiten zum Ausdruck kommen.
- Sie erkennen, dass der Mensch nicht nur den gesellschaftlichen Strukturen, sondern auch sprachlichen Modeerscheinungen und Konventionen unterworfen ist.
- Sie entwickeln anhand des Dramenschlusses ein Bewusstsein für die Probleme nicht gelingender verbaler Kommunikation und für die Aussagekraft der Gebärde ohne Sprache.

■ Zur Kopiervorlage Seite 53: DIE SPRACHE DER EHELEUTE MILLER

Indem die Schüler den Dialog der Eheleute Miller aus der ersten Szene des ersten Akts in die richtige Reihenfolge bringen und die Auseinandersetzung in eigenen Worten zusammenfassen, werden sie sich der sprachlichen Besonderheiten der beiden Figuren bewusst. Die Ergebnisse der genauen Analyse von Sprachgebrauch und Sprechabsicht können fruchtbar für eine Charakteristik der beiden Personen genutzt werden und bieten somit eine sinnvolle Ergänzung zu den Kopiervorlagen „Der bürgerliche Hausvater und seine Familie" (S. 40) und „Die bedrohte ständische Ordnung des Musikmeisters Miller" (S. 41).

Lösung

Aufgabe 1

Um ihren Gatten für die Beziehung zwischen Luise und Ferdinand einzunehmen, verweist Frau Miller auf die schönen Briefchen („Billetter"), die der Major geschrieben hat ①, und die prächtigen Bücher, die er ins Haus gebracht hat ③. Herr Miller reagiert auf die Aussagen seiner Frau erregt mit der Redewendung: „Auf den Sack schlagt man; den Esel meint man." ② Er weiß, dass man zur Erreichung eines Ziels oftmals etwas anderes sagen muss, als man eigentlich meint. Einem erfolgreichen sexuellen Abenteuer müssen also schöne Liebesworte vorausgehen. Auch die prächtigen Bücher der Belletristen (verballhornt „Bellatristen") mit ihrer Sprache der Empfindsamkeit dienen seiner Meinung nach nur dazu, der Tochter den Kopf zu verdrehen ④. Als Frau Miller den materiellen Wert der Geschenke („Präsenter") des Majors anführt ⑤, unterbricht Miller sie und beschimpft sie als „Kupplerin". Lieber möchte er als fahrender

Musiker betteln gehen oder sich als Knecht verdingen, als von dem Geld, für das Luise ihren Körper verkaufe, zu leben ⑥. Am Ende der Auseinandersetzung versucht Frau Miller, ihren Mann mit der Bemerkung, man wolle den Herrn Major ja nicht vor den Kopf stoßen („disguschtüren"), zu beschwichtigen ⑦.

Aufgabe 2

	Frau Miller	Herr Miller
Sprache	Satzbau: relativ kurze, einfache Sätze	Satzbau: längere Sätze, (rhetorische) Fragen, Ausrufe
	Wortwahl: • Versuch, die höfische Sprache zu imitieren (→ Gallizismen), scheitert • falsch verwendete Fremdwörter mit dialektaler (schwäbischer) Einfärbung („Präsenter", „Billetter", „disguschtüren")	Wortwahl: • spricht, „wie ihm der Schnabel gewachsen ist" • derbe Kraftausdrücke („in der höllischen Pestilenzküche", „Schier dich zum Satan") • bildreiche Sprache • Sprichwörter („Auf den Sack schlagt man; den Esel meint man.") • Vergleiche („wie spanische Mucken") • Metaphern („rohe Kraftbrühen der Natur") • Begriffe aus dem Berufsleben („Geig", „Konzert", „Violoncello", „Sonanzboden")
Sprechabsicht	• sucht nach Argumenten, die für den adligen Ferdinand und seine Beziehung zu Luise sprechen • sieht die Welt des Adels in undifferenziert positivem Licht	• polarisiert in seinen Antworten • Hofleute und Gebildete sind eindeutig negativ besetzt („höllisch", „ins Feuer"); sie werden als Schönredner beschrieben. • Die eigene kleinbürgerliche Welt ist positiv besetzt („Handvoll Christentum"); Einfachheit, Armut und Ehrlichkeit werden gleichgesetzt.
Charakter	eitel, dümmlich, naiv, fühlt sich zu etwas Höherem berufen	einfach, derb, emotional, geradlinig, positioniert sich durch zunftbürgerliches Bewusstsein

Zur Kopiervorlage Seite 54: DIE SPRACHE DER UNTERWERFUNG

Das Schreibverbot, das Herzog Carl Eugen von Württemberg im August 1782 gegen Schiller verhängte, hätte das Ende von dessen Schriftstellerkarriere bedeutet. Bevor er sich dieser Auflage am 22. September 1782 durch Flucht entzog, versuchte er, den Herzog dazu zu bewegen, seinen Befehl zu revidieren. Das auf der Kopiervorlage abgebildete Bittgesuch, das Schiller im September desselben Jahres verfasste, bietet die Gelegenheit, einen wichtigen Aspekt aus Schillers Biografie zu vertiefen (vgl. auch KV „Schillers Jahre des Sturm und Drang", S. 11). Darüber hinaus sollen die Schüler durch eine Sprachanalyse das Verhältnis zwischen Herrscher und Untertan herausarbeiten, das sich auch in Millers Reden gegenüber dem Präsidenten widerspiegelt. Diesen Transfer leisten die Schüler, indem sie die sechste Szene des zweiten Akts untersuchen, in der der Präsident in Millers Haus eindringt.

Es bietet sich an, das Arbeitsblatt im Zusammenhang mit den Kopiervorlagen „Höfisches Zeremoniell: Etikette und Ansehen" auf S. 42 / 43 einzusetzen.

Lösung

Aufgabe 1

Als Regimentsmedikus im militärischen Dienst war Schiller dem Herzog Carl Eugen von Württemberg unterstellt. Da es ihm aus diesem Grund untersagt war, ohne Beurlaubung das Herzogtum zu verlassen, wohnte er der Uraufführung der „Räuber" in Mannheim (am 13. Januar 1782) heimlich bei. Ein ohne Erlaubnis erfolgter zweiter Besuch in Mannheim Ende Mai, der dazu diente, die Kontakte zum dortigen Theater zu vertiefen, hatte einen 14-tägigen Arrest und ein Schreibverbot (außer für medizinische Fachliteratur) zur Folge. Eine literarische Karriere schien nun nicht mehr möglich, zumal der Herzog im August das Schreibverbot mit Aussicht auf Festungshaft erhärtete. Um den Herzog umzustimmen, schrieb Schiller am 1. September 1782 den vorliegenden Brief. Darin rechtfertigt er seine Schriftstellertätigkeit damit, dass ihm bei der ärmlichen Besoldung durch den Herzog nichts anderes übrig geblieben sei, als sich durch das Schreiben zusätzliche Einkünfte zu verschaffen. Außerdem habe er sich inzwischen einen Ruhm erworben, der auch der Karlsschule zugutekomme. Mehr noch, die „Ehre", die ihm erwiesen werde, falle sogar auf den Herzog zurück, „den Urheber [s]einer Bildung". Schillers Taktik war es also, dem Herzog zu schmeicheln, indem er die eigenen Vorzüge als dessen Werk ausgab. Der Herzog aber verweigerte die Annahme des Briefes. Am Abend des 22. Septembers entschloss sich Schiller daher zur Flucht nach Mannheim.

Aufgabe 2

Die im Brief verwendeten Höflichkeitsfloskeln sind bezeichnend für die Kluft zwischen dem „gottähnlichen" Fürsten und seinem Untertan. Die Ehrfurcht wird bereits in der herrschaftlichen Anrede bezeugt und mit der einleitenden Vatermetaphorik („Fürst" = Landesvater, „unumschränkter Herr" = Anspielung auf den Gottvater, „Vater" = leiblicher Vater; zu dieser Thematik vgl. auch KV „Luise und die Väter", S. 47) fortgeführt. Die häufige Verwendung von Superlativen dient der Erhöhung des Fürsten („[d]urchlauchtigster", „gnädigster", „Höchstdenenselben") und der Erniedrigung des Schreibers („auf das Submisseste", „untertänigst"). Zusammensetzungen sorgen dafür, dass selbst der Superlativ eine eigentlich nicht mehr für möglich gehaltene Steigerung erfährt: „alleruntertänigst", „Treugehorsamster". Als Hyperbel wird in der abschließenden Grußformel die Unterwerfungsgeste noch einmal hervorgehoben: „Der ich in allerdevotester Submission ersterbe". Für unsere heutigen Ohren grenzt dies fast an Ironie, ähnlich wie der Superlativ „gnädigst", der in Verbindung mit dem folgenreichen literarischen Schreibverbot einem Euphemismus gleichkommt.

Schillers Brief ist, den Gepflogenheiten der Zeit entsprechend, in der Sprache unterwürfig. In der Sache ist er es jedoch nicht. Selbstbewusst spricht der Verfasser von sich als erstem und einzigem Zögling der Karlsschule, der es bereits zu einem gewissen Ruhm in der Welt gebracht hat und der zuversichtlich ist, als Literat eine noch größere Karriere zu machen.

Aufgabe 3
Wie Schiller von Herzog Carl Eugen ist Musikus Miller abhängig vom Präsidenten. Als dieser in der sechsten Szene des zweiten Akts in sein Haus eindringt, schwankt Millers Sprache zwischen Ergebenheit und zunftbürgerlichem Selbstbewusstsein: „Euer Exzellenz – Das Kind ist des Vaters Arbeit – Halten zu Gnaden – Wer das Kind eine Mähre schilt, schlägt den Vater ans Ohr, und Ohrfeig um Ohrfeig – Das ist so Tax bei uns – Halten zu Gnaden" (S. 48, Z. 33–37). Dabei machen nicht nur die Regieanweisungen das Wechselspiel der Emotionen deutlich („*wechselsweis für Wut mit den Zähnen knirschend, und für Angst damit klappernd*"), vielmehr legt auch der weitere Verlauf des Dialogs offen, wie sich aus der angstvollen Unterwürfigkeit des Untertanen („Mein devotestes Kompliment"; S. 49, Z. 16 f.) der aufbegehrende Stolz des Hausvaters („aber den ungehobelten Gast werf ich zur Tür hinaus"; S. 49, Z. 18 f.) seinen Weg bahnt. Die Sprache des Präsidenten enthält dagegen die typischen Machtwörter des Adligen, der zu herrschen und zu strafen gewohnt ist: „Gehorsam" (S. 47, Z. 18), „befehlen" (S. 48, Z. 6), „hinauswerfen" (S. 48, Z. 10), „Zuchthaus" (S. 49, Z. 24), „Pranger" (S. 49, Z. 28), „Kerker" (S. 50, Z. 17), „Ketten" (S. 50, Z. 19). Hinzu kommen menschenverachtende Schimpfwörter wie „Kuppler" (S. 49, Z. 4), „Spitzbube" (S. 49, Z. 24), „Metze" (S. 49, Z. 28) und „Gesindel" (S. 49, Z. 31).

Zur Kopiervorlage Seite 55: DIE SPRACHE – EIN GEGNER DER LIEBE?

Liegt bei den beiden vorangehenden Kopiervorlagen des Kapitels das Hauptaugenmerk auf der Analyse rhetorischer Mittel und der Sprechabsichten, wird an dieser Stelle das Medium Sprache unter sprachphilosophischen Gesichtspunkten betrachtet: Ist Schillers Trauerspiel nicht auch ein Drama der Sprache, das deren Anfälligkeit für Missverständnisse, Unwahrheit und Verstellung zeigt? Der auf dem Arbeitsblatt abgedruckte Text macht deutlich, dass in „Kabale und Liebe" die Krise der Liebe mit einer Krise der Sprache einhergeht. Die Schüler arbeiten zunächst die zentralen Thesen des Textes heraus, um anschließend anhand konkreter Beispiele aus dem Drama die Gefährdung der Liebesbeziehung durch die Macht der Sprache aufzuzeigen.

Da vor allem für die Bearbeitung der zweiten Aufgabe Kenntnisse über Luises und Ferdinands Vorstellungen von der Liebe vorausgesetzt werden, bietet es sich an, die Kopiervorlage am Ende der Unterrichtsreihe, im Anschluss an die Behandlung der Liebesthematik (KV S. 46–48) einzusetzen. Als Vorbereitung eignet sich die Kopiervorlage „Was wäre, wenn …?" auf S. 62.

Lösung
Aufgabe 1
Liebe als „Gegenstand kriselnder Nachbetrachtung":
bei Luise geprägt durch Entsagung, bei Ferdinand durch absolute Forderungen

↓

bedarf der Bestätigung durch Sprache

↓

Missverständnisse und Lügen = Versagen der Sprache

↓

Dominanz des Schweigens im fünften Akt

↓

gemeinsamer Liebestod als Antwort auf das Versagen der Sprache und als Erlösung

Aufgabe 2
Sprache als äußere Gefährdung für das Liebespaar:
- Frau Millers Schwatzsucht: Das lose Mundwerk der Mutter und ihr dümmlicher Hochmut („meine Tochter ist zu was Hohem gemünzt"; I, 2; S. 10, Z. 28) sorgen dafür, dass Sekretär Wurm von der Liebesbeziehung zwischen Luise und Ferdinand erfährt und diese Information dem Präsidenten zuträgt.
- Die präsidiale Verlautbarung: Um Ferdinand vor vollendete Tatsachen zu stellen, lässt der Präsident im gesamten Herzogtum dessen bevorstehende Verheiratung mit Lady Milford verkünden. Als Sprachrohr dient Hofmarschall von Kalb, der als affektierter Zeremonienmeister bestens geeignet ist, das Gerücht in aller Welt zu verbreiten (I, 6).
- Der fingierte Liebesbrief: Sekretär Wurm ist weniger eloquent, weiß jedoch um die Macht des geschriebenen und gesprochenen Worts. Mit teuflischer Rhetorik zwingt er Luise, ein „billet doux" an den Hofmarschall zu schreiben und einen Eid vor Gott zu schwören, die intriganten Umstände zu verschweigen (III, 6).

Sprache als ungenügender Behelf für das Liebespaar:
- Sprache als Kompensation: Im Verlauf der Handlung offenbart sich die Liebe nicht in der Wucht unmittelbarer Gegenwart, sondern gebremst über die Vermittlung durch Sprache, sei es in der Erinnerung an vergangene gefühlvolle Augenblicke oder in der Beschwörung einer gemeinsamen Zukunft. Um sich der Liebe zu versichern, bedarf es der Sprache. Während Luise sich in ihrer Liebe kleinredet („Dies bisschen Leben – dürft ich es hinhauchen in ein leises schmeichelndes Lüftchen, sein Gesicht abzukühlen!"; I, 3; S.13, Z. 15–17), bläht Ferdinand seine Liebe dagegen mit Phrasen des Sturm und Drang auf („Frei wie ein Mann will ich wählen, dass diese Insektenseelen am Riesenwerk meiner

Liebe hinaufschwindeln"; II, 5; S. 46, Z. 9–11). Schließlich entsagt die eine der Liebe, während der andere sie mit immer großartigeren Bildern zerredet – ein gegenseitiges Verstehen ist nicht möglich.

Sprache als Verifikation:

- Ferdinand setzt auf die Wahrheit des Wortes. Nicht sein Gefühl, sondern die Eindeutigkeit der sprachlichen Mitteilung ist maßgeblich. Im ersten Akt fordert er Luise auf: „Rede mir Wahrheit" (I, 4; S. 15, Z. 15). Später stellt er die Echtheit des Liebesbriefs nicht infrage, obwohl ihm eine Liaison zwischen Luise und dem gekünstelten Zeremonienmeister äußerst zweifelhaft erscheinen müsste. Am Ende fordert er die Wahrheit dreimal über eine sprachliche Bestätigung ein („Schriebst du diesen Brief?"; V, 2; S. 103, Z. 25, Z. 35; S. 104, Z. 7) und erhält jedes Mal eine Lüge zur Antwort, da die höfische Welt der Verstellung und der Kabale nicht in einem eindeutigen Ja-Nein-Schema aufgeht. Aus Ferdinands Sicht ist daher ein Verstehen des anderen unmöglich.

Aufgabe 3

Geht man von der Handlungsebene aus, hat Luise vor Gott einen Eid geschworen, über die wahren Umstände des fingierten Liebesbriefs zu schweigen. Doch das Schweigen durchzieht den letzten Akt in einer viel grundsätzlicheren Weise. Deutlich wird dies durch die Bühnenanweisungen, die mehrmals die stumme Gebärde betonen und dieser einen höheren Stellenwert gegenüber dem gesprochenen Wort einzuräumen scheinen. Gleich zur Eröffnung des fünften Akts heißt es geradezu leitmotivisch: „LUISE *sitzt stumm und ohne sich zu rühren in dem finstersten Winkel des Zimmers*" (V, 1; S. 95, Z. 4 f.).

Von nun an ist das Schweigen einerseits leidvoller Ausdruck der Unmöglichkeit, die Wahrheit in Worte zu fassen, andererseits die einzige Möglichkeit, Wahrheit ohne Worte mitzuteilen. Auf Ferdinands nachdrücklich gestellte Frage „Schriebst du diesen Brief?" (V, 2; S. 104, Z. 7) reagiert Luise nach einem qualvollen seelischen Kampf auf zwei Ausdrucksebenen: Mittels Blickkontakt mit Miller bekräftigt sie die Vaterbindung und ihren auf das Jenseits ausgerichteten, patriarchalisch geprägten Glauben sowie ihren gesprochenen Eid. Mit Worten bestätigt sie dagegen das, was im Diesseits als Tatsache erscheint: „Ich schrieb ihn." Wahrheit und Lüge spalten sich damit in verschiedene Ausdrucksformen auf: Der Glaube und das Gefühl, die Sprache des Herzens, nehmen Zuflucht zum Gestus, während der bloße Anschein der Dinge, die vermeintlichen Tatsachen, der Sprache überantwortet bleibt.

Nachdem die beklemmende Atmosphäre der Pausen auch die Szenen zwischen Ferdinand und Vater Miller erfasst hat, wird die Wahrheit des Ungesagten in der vorletzten Szene vollends offenbar: „*Großes Stillschweigen, das diesen Auftritt ankündigen muss*" (V, 7; S. 112, Z. 8). Das Liebespaar hat sich nichts mehr zu sagen, der beredte Liebhaber übt sich in Sarkasmus, bis beide von der vergifteten Limonade trinken. Dann, als Ferdinand noch beleidigend wird und Luise eine Metze schimpft, antwortet sie „*mit dem vollen Ausdruck der Liebe ihm in die Arme eilend*" (S. 114, Z. 31 f.). Doch Ferdinand reagiert nicht mehr auf die Gebärde wahren Gefühls, für ihn sind nur noch die über die Sprache zu ermittelnden „Tatsachen" maßgeblich. Und wieder dringt er auf sie ein mit der dreimal wiederholten Frage: „Hast du den Marschall geliebt?" (S. 117, Z. 1 f.). Zweimal begegnet Luise dieser bohrenden Frage mit angekündigtem Schweigen, beim dritten Mal kommt ihr das Gift zu Hilfe, spürt sie, dass sie sterben wird.

DIE SPRACHE DER EHELEUTE MILLER

1. Bringen Sie den Dialog durch entsprechende Nummerierung in die richtige Reihenfolge und fassen Sie die Auseinandersetzung der Eheleute Miller kurz in eigenen Worten zusammen.

◯ „Sei artig, Miller. Wie manchen schönen Groschen haben uns nur die Präsenter – –"

◯ „Sieh doch nur erst die prächtigen Bücher an, die der Herr Major ins Haus geschafft haben. Deine Tochter betet auch immer draus."

◯ „Ich sprech ja nur, man müss den Herrn Major nicht disguschtüren, weil Sie des Präsidenten Sohn sind."

◯ „Solltest nur die wunderhübsche Billetter auch lesen, die der gnädige Herr an deine Tochter als schreiben tut. Guter Gott! Da sieht man's ja sonnenklar, wie es ihm pur um ihre schöne Seele zu tun ist."

◯ „Das ist die rechte Höhe. Auf den Sack schlagt man; den Esel meint man. Wer einen Gruß an das liebe Fleisch zu bestellen hat, darf nur das gute Herz Boten gehen lassen. Wie hab ich's gemacht? Hat man's nur erst so weit im Reinen, dass die Gemüter topp machen, wutsch! nehmen die Körper ein Exempel; [...]."

◯ „Das Blutgeld meiner Tochter? – Schier dich zum Satan, infame Kupplerin! – Eh will ich mit meiner Geig auf den Bettel herumziehen, und das Konzert um was Warmes geben – eh will ich mein Violoncello zerschlagen, und Mist im Sonanzboden führen, eh ich mir's schmecken lass von dem Geld, das mein einziges Kind mit Seel und Seligkeit abverdient."

◯ „Hui da! Betet! Du hast den Witz davon. Die rohe Kraftbrühen der Natur sind Ihro Gnaden zartem Makronenmagen noch zu hart. – Er muss sie erst in der höllischen Pestilenzküche der Bellatristen künstlich aufkochen lassen. Ins Feuer mit dem Quark. Da saugt mir das Mädel – weiß Gott was als für? – überhimmlische Alfanzereien ein, das läuft dann wie spanische Mucken ins Blut und wirft mir die Handvoll Christentum noch gar auseinander, die der Vater mit knapper Not soso noch zusammenhielt."

2. Analysieren Sie die sprachlichen Besonderheiten des Dialogs und schließen Sie vom jeweiligen Sprachgebrauch auf Absicht und Charakter des Sprechers.

DIE SPRACHE DER UNTERWERFUNG

1. Schiller schrieb den folgenden Brief knapp zwei Jahre vor der Uraufführung von „Kabale und Liebe" an den Herzog Carl Eugen von Württemberg. Erläutern Sie, was Schiller damit erreichen wollte. Recherchieren Sie die biografischen Hintergründe, die den Dichter zum Verfassen des Briefes veranlassten.

Stuttgart, 1. September 1782 [...]

Durchlauchtigster Herzog,
gnädigster Herzog und Herr!

Eine innere Überzeugung, dass mein Fürst und unumschränkter Herr zugleich auch mein Vater sei, gibt mir gegenwärtig die Stärke, Höchstdenenselben einige untertänigste Vorstellungen zu machen, welche die Milderung des mir gnädigst zugekommenen Befehls, nichts Literarisches mehr zu schreiben oder mit Ausländern zu kommunizieren, zur Absicht haben.

Eben diese Schriften haben mir bishero zu der, mir von Eurer Herzogl. Durchlaucht gnädigst zuerkannten jährlichen Besoldung noch eine Zulage von fünfhundert und fünfzig Gulden verschafft, und mich in den Stand gesetzt, durch Korrespondenz mit auswärtigen großen Gelehrten und Anschaffung der zum Studieren benötigten Subsidien [Hilfsmittel, Unterlagen], ein nicht unbeträchtliches Glück in der gelehrten Welt zu machen. Sollte ich dieses Hülfsmittel aufgeben müssen, so würd ich künftig gänzlich außer Stand gesetzt sein, meine Studien planmäßig fortzusetzen und mich zu dem zu bilden, was ich hoffen kann zu werden.

Der allgemeine Beifall, womit einige meiner Versuche von ganz Deutschland aufgenommen wurden, welches ich Höchstdenenselben untertänig zu beweisen bereit bin, hat mich einigermaßen veranlasst, stolz sein zu können, dass ich von allen bisherigen Zöglingen der großen Karlsakademie der erste und einzige gewesen, der die Aufmerksamkeit der großen Welt angezogen, und ihr wenigstens einige Achtung abgedrungen hat – eine Ehre, welche ganz auf den Urheber meiner Bildung zurückfällt! Hätte ich die literarische Freiheit zu weit getrieben, so bitte ich Ew. Herzogl. Durchl. alleruntertänigst, mich öffentliche Rechenschaft davon geben zu lassen, und gelobe hier feierlich, alle künftigen Produkte einer scharfen Zensur zu unterwerfen.

Noch einmal wage ich es, Höchstdieselbe auf das Submisseste [Unterwürfigste] anzuflehen, einen gnädigen Blick auf meine untertänigsten Vorstellungen zu werfen und mich des einzigen Wegs nicht zu berauben, auf welchem ich mir einen Namen machen kann.

Der ich in allerdevotester
Submission [Unterwerfung] ersterbe
Ewr. Herzogl. Durchlaucht
untertänigst Treugehorsamster
Frid. Schiller.
Regimentsmedicus.

In: Eduard Boas: Schillers Jugendjahre, Bd. 2. Hannover 1856, S. 287 f.

2. Analysieren Sie die Sprache des Briefes. Setzen Sie sprachliche Form und Inhalt zueinander ins Verhältnis.

3. Untersuchen Sie die Sprache Millers und des Präsidenten in der sechsten Szene des zweiten Akts. Stellen Sie einen Bezug zu Schillers Brief an Herzog Carl Eugen her.

DIE SPRACHE – EIN GEGNER DER LIEBE?

1. Lesen Sie den folgenden Text und halten Sie die zentralen Thesen stichwortartig fest.

„Die ideengeschichtliche Interpretation neigt dazu, das Phänomen Liebe als einen absoluten Sachverhalt zu beschreiben und zu deuten: dies oder jenes ist der Sinn der Liebe in ‚Kabale und Liebe'. Dagegen wäre einzuwenden: Wir erfahren nicht, was die Liebe ist, sondern wie sie von den Liebenden empfunden und verstanden wird. Und wir erfahren dies aus Reflexionen, in denen sie zu ihrer Liebe Stellung nehmen und sich Rechenschaft über sie geben, d. h. in einer Situation, in der sie, streng genommen, nicht lieben, sondern die Liebe denken. Mit einem Bild des späteren Schiller kann man geradezu sagen: ihre Äußerungen über die Liebe gleichen der ‚Empfindung des Kranken für die Gesundheit'" (Wolfgang Binder: „Schiller. Kabale und Liebe". In: Benno von Wiese (Hg.): Das deutsche Drama. Vom Barock bis zur Gegenwart. Interpretationen, Bd. 1. Düsseldorf 1960, S. 254).

Binders Argumentation wirft ein neues Licht auf das Liebespaar. Pointiert formuliert ereignet sich die Liebe im Handlungsverlauf des Dramas nicht mehr, sie geht ihm vielmehr voraus und ist jetzt Gegenstand kriselnder Nachbetrachtung. Das wird zu Beginn des Dramas klar, als Luise bei ihrem ersten Auftritt an die schönen Augenblicke ihrer erwachenden Liebe zurückdenkt, just in einer Situation, in der sie sich zu der Einsicht durchringen muss, den Geliebten auf Erden aufzugeben: „Als ich ihn das erste Mal sah – *(rascher)* und mir das Blut in die Wangen stieg, froher jagten alle Pulse, jede Wallung sprach, jeder Atem lispelte: e r i s t ' s, und mein Herz den Immermangelnden erkannte, bekräftigte: e r i s t ' s, und wie das widerklang durch die ganze mitfreuende Welt. Damals – o damals ging in meiner Seele der erste Morgen auf" (I, 3; S. 13, Z. 30–36). In Symmetrie dazu hält Ferdinand am Ende des Dramas noch einmal verzweifelt Rückschau, wenn er das Bild des ersten Kusses zu einem Zeitpunkt beschwört, als er sich Luisens Betrug gewiss ist und ihr bereits die vergiftete Limonade verabreicht hat (vgl. V, 7; S. 115, Z. 31 – S. 116, Z. 2).

Die unmittelbare Liebe gehört im Drama der Vergangenheit an. Angesichts ihrer Unmöglichkeit vermittelt sie sich nur noch in der Reminiszenz [Erinnerung], in Äußerungen der Sehnsucht und der Entsagung einerseits und in absolut formulierten Ansprüchen andererseits. Stets vollzieht sie sich nur noch mittelbar über die Sprache, sei es, dass sich Luise an dem heldenmütigen Gedanken berauscht, „einem Vater den entflohenen Sohn wieder[zu]schenken" (III, 4; S. 65, Z. 17 f.), sei es, dass sich Ferdinand „am Riesenwerk [s]einer Liebe" (II, 5; S. 46, Z. 11) ergötzt.

Bedarf aber die Liebe der Bestätigung durch ihre Versprachlichung, ist sie dem Missverstehen und der Lüge ausgesetzt. Ob es nun das durch Schwatzsucht entstandene Gerücht von einer Standesschranken sprengenden Beziehung ist oder die amtliche Verlautbarung einer bevorstehenden Vermählung, ob man die hinterhältige oder falsche Eloquenz der in diesem absolutistischen Kleinstaat für Kommunikation und sprachliche Etikette Zuständigen nimmt, oder ob man das Herzstück der Kabale, den fingierten Brief betrachtet – über das ganze Drama hinweg ist es das Medium der Sprache, durch das sich die Unwahrheit verbreitet. Am Ende macht die Verlogenheit auch vor der Sprache der Liebenden nicht halt. Wenn Ferdinand nicht auf sein Gefühl hört, sondern auf sprachlicher Mitteilung beharrt und Luise drängt, die Wahrheit zu gestehen, fordert er unwillkürlich die Lüge ein. Was immer auch Luise antwortet, gebunden an die sprachliche Formel eines Eides, macht sie sich der Lüge schuldig. Und so muss sie resigniert konstatieren: „Ein entsetzliches Schicksal hat die Sprache unsrer Herzen verwirrt" (V, 7; S. 116, Z. 24 f.).

Wäre da nicht die Erlösung durch den bevorstehenden gemeinsamen Liebestod, die beiden hätten sich außer konventionellen Phrasen nichts mehr zu sagen. Und so kommt den vielen Pausen, mit denen Schiller den fünften Akt bewusst durchsetzt, eine enorme Bedeutungsschwere zu. Das Schweigen ist die hilflose Antwort auf das Versagen der Sprache, der Tod die Konsequenz.

2. Das Medium Sprache gefährdet die Liebenden von außen und innen. – Belegen Sie diese These mithilfe konkreter Beispiele aus dem Drama.

3. Zeigen Sie an ausgewählten Stellen des fünften Akts die Bedeutung des Schweigens auf.

4. REZEPTIONSGESCHICHTE

EINFÜHRUNG

Der Schiller-Boom der letzten Jahre – 2005 wurde der 200. Todestag, 2009 der 250. Geburtstag des Dichters gefeiert – und der bewährt kontinuierliche Einsatz von „Kabale und Liebe" als Schullektüre an Gymnasien in den vergangenen Jahrzehnten täuschen darüber hinweg, dass Schillers erstem und letztem bürgerlichen Trauerspiel nicht immer eine so große Resonanz beschieden war. Die anfängliche Begeisterung bei den Erstaufführungen in Frankfurt und Mannheim – freilich nicht ganz so fulminant wie bei der Uraufführung der „Räuber" – flachte trotz einiger positiver Aufnahmen in Leipzig (1785), Hannover (1788) und Weimar (1790) relativ schnell ab. Zugpferde auf den Theaterbühnen waren stattdessen eher die moralisierenden Rührstücke Ifflands und die Lustspiele Kotzebues. Auch wuchs die Kritik am Pathos des Sturm und Drang. So bezeichnete Franz Grillparzer das Trauerspiel „Kabale und Liebe" als das „elendste Machwerk" und Friedrich Hebbel wunderte sich über die „grenzenlose Nichtigkeit dieses Stücks" (vgl. Walter Schafarschik: Friedrich Schiller „Kabale und Liebe". Erläuterungen und Dokumente. Stuttgart 1980, S. 105 ff.). Neuen Aufwind bekam das Stück in der Zeit des Realismus und des Naturalismus. Der marxistische Literaturkritiker Franz Mehring bezeichnete es als das neben Lessings „Emilia Galotti" „revolutionärste Drama unserer klassischen Literatur" (vgl. Schafarschik, S. 112). Einen wirklichen Durchbruch für das Theater brachte aber erst der Berliner Regisseur Max Reinhardt mit seiner packenden und realistischen Art der Inszenierung. Überraschenderweise wurde während der Zeit des Nationalsozialismus „Kabale und Liebe" von allen Stücken Schillers am häufigsten aufgeführt. In der Nachkriegszeit hat es sich auf den deutschen Bühnen etabliert und gehört heute zum gängigen Repertoire der Schauspielhäuser.

Die drei Kopiervorlagen zur Rezeptionsgeschichte gehen der Frage nach, ob das bürgerliche Trauerspiel „Kabale und Liebe" auch den heutigen Zeitgeist anzusprechen vermag. Im Mittelpunkt steht dabei ein Szenenvergleich aus zwei Verfilmungen des Stücks.

Lernziele

- Die Schüler erlangen ein grundsätzliches Verständnis darüber, dass die Rezeption eines Werks stark von den vorherrschenden geistigen Strömungen und den politischen Verhältnissen abhängig ist.
- Sie erkennen, dass die filmische Bearbeitung eines Stücks immer auch eine Interpretation der Vorlage darstellt, in der unterschiedliche Akzente gesetzt werden können.

Zur Kopiervorlage Seite 60: DREI REZENSIONEN

Nach dem Triumph der „Räuber" (Uraufführung 13. Januar 1782) und dem mäßigen Erfolg des „Fiesco zu Genua" (Uraufführung 20. Juli 1783) wurde mit der „Kabale" am 13. April 1784 Schillers drittes Drama in Frankfurt a. M. uraufgeführt und zwei Tage später in Mannheim gespielt. Dort wurde das Stück vom Publikum begeistert aufgenommen und in den folgenden Jahren noch sechs weitere Male gegeben. Dennoch sah man Schillers Sturm-und-Drang-Stück in der Folgezeit auch immer wieder kritisch, in der Romantik stieß es oft auf Unverständnis und Ablehnung.

Anhand dreier kurzer Ausschnitte aus Rezensionen, u. a. von Clemens Brentano und Theodor Fontane, setzen sich die Schüler mit der Rezeptionsgeschichte des 18. und 19. Jahrhunderts auseinander, um davon ausgehend ihren eigenen Standpunkt zu formulieren. Die abschließende Frage nach der Aktualität des Stücks leitet zum Vergleich der beiden Verfilmungen (KV S. 61) über.

Lösung

Aufgabe 1

Die Rezension eines anonymen Kritikers ist vergleichsweise enthusiastisch und gipfelt in Bewunderung der beiden Protagonisten, deren Zeitlosigkeit hervorgehoben wird. Clemens Brentano kann dem Stück hingegen nichts abgewinnen. Die Pegasus-Metaphorik lässt sich möglicherweise darauf zurückführen, dass dem Romantiker das überschäumende Sturm-und-Drang-Pathos des jungen Schiller missfiel. Pragmatischer fällt das Urteil des Realisten Fontane aus, den es erstaunt, dass das Schauspiel den Zuschauer mit jeder neuen Aufführung immer wieder in den Bann zieht.

Aufgabe 2

Aspekte, die in einer Diskussion berücksichtigt werden könnten:

- die Zeitlosigkeit zahlreicher Themen (z. B. die „große" Liebe, unterschiedliche Vorstellungen von Liebe in einer Beziehung, Eltern-Kind-Beziehung, Skrupellosigkeit und Machtbesessenheit)
- die Übertragbarkeit historischer Gegebenheiten (Die Opposition zwischen Adel und Bürgertum findet man heute z. B. in beruflichen Hierarchien bzw. gesellschaftlichen Schichten wieder, die sich nicht mehr durch ihren Stand, sondern durch finanzielle Verhältnisse und / oder den Grad der Bildung voneinander unterscheiden.)
- Verhaltensweisen und Haltungen, die vor dem historischen Hintergrund zu verstehen sind (z. B. Luises Passivität und „Vätergläubigkeit", die dem modernen Frauenbild eher widersprechen)

Zur Kopiervorlage Seite 61: ZWEI VERFILMUNGEN IM VERGLEICH

Bei einem größeren zeitlichen Rahmen ist ein Vergleich zweier Verfilmungen des Dramas am Ende der Unterrichtsreihe lohnenswert. Zum einen kann die Frage, wie sehr sich eine filmische Adaption an ihre literarische Vorlage halten muss, zu interessanten Diskussionen führen. Zum anderen wird mit der Fokussierung auf die vierte Szene des ersten Akts ein Bogen zum Beginn der Unterrichtssequenz geschlagen (vgl. KV „Ein Liebesdrama“, S. 34).

Die Verfilmungen von Martin Hellberg aus dem Jahr 1959 und von Leander Haußmann aus dem Jahr 2005, deren Plakate auf der Kopiervorlage abgebildet sind, sind als DVD erhältlich. Bei der vergleichenden Analyse der filmischen Umsetzung von Szene I, 4 (Aufgabe 2) bietet es sich an, mit der älteren Filmversion zu beginnen.

Nach der Bearbeitung der zweiten Aufgabe – oder der Zusatzaufgabe (vgl. Weiterführende Anregung auf S. 58) – könnte eine für Schüler erfahrungsgemäß nicht immer ganz einsichtige Diskussion darüber geführt werden, inwieweit die Theateraufführung oder die Verfilmung eines Stücks eine Interpretation des Originaltextes darstellt: Muss sie in dieser Subjektivität von der Vorstellungswelt des jeweiligen Lesers nicht geradezu abweichen? Kann somit die erneute Aufführung oder Verfilmung nicht sogar als eigenständiges Kunstwerk neben dem klassischen Original Bestand haben?

Lösung

Aufgabe 1

Rückschlüsse, die sich von den Filmplakaten auf die Filme ziehen lassen:

Haußmann-Verfilmung	Hellberg-Verfilmung
• Deutschland 2005 (ZDF Theaterkanal) • modern, aktualisierend, weniger nah am Original • mögliches Thema: Sinnlichkeit, Liebe	• DDR 1959 (DEFA-Film) • Schwarz-Weiß-Verfilmung, historisierend, Kostümfilm, näher am Originaltext • mögliches Thema: die damaligen gesellschaftlichen Verhältnisse

Aufgabe 2

(Die Zeitangaben erfolgen jeweils nach Öffnen des 1. Kapitels.)

Umsetzung von Szene I, 4 (Hellberg)	Umsetzung von Szene I, 4 (Haußmann)
Zeitangabe: 06:29 – 09:55	Zeitangabe: 43:32 – 49:00
Straßenszene am Tag: Ferdinand steigt vom Pferd, Luise mit Gebetbuch, Passanten.	Außenaufnahme in der Nacht: Ferdinand klettert die Hausfassade hinauf.
Verlagerung des Gesprächs in den Hausflur	Gespräch in Luises Kammer
Originalsprache nach Schiller mit Streichungen, kaum Hinzufügungen	Originalsprache nach Schiller mit Streichungen, viele Hinzufügungen
Text- und Handlungschronologie werden eingehalten.	Textchronologie wird nicht eingehalten. Dialogfragmente aus der zweiten Begegnung der Liebenden (II, 5) werden eingeflochten.
	Schluss der Szene fehlt komplett, stattdessen endet sie mit einer erfundenen Handlung: Ferdinand zeigt Luise im Garten ein Brautkleid.

Hellberg bleibt bei seiner Verfilmung der Szene relativ nah an der Textvorlage. Bei der Rezeption des Filmausschnitts stutzen die Schüler allenfalls zu Beginn über das veränderte Setting einer Straßenszene und das typische Ambiente eines Spielfilms aus den 1950er-Jahren (Kleidung, Frisur, etwas steife Körpersprache, dezentes Pathos, hinterlegte klassische Musik). Trotz deutlicher Raffung können sie das Gespräch der Liebenden jedoch mühelos in ihrer Textausgabe verfolgen. Die Figuren wirken aufgrund der Streichungen in ihrer Leidenschaftlichkeit stark gemäßigt. Ferdinand verzichtet auf Sturm-und-Drang-Metaphern, Luises Sprache fehlt am Ende der Szene die sexualisierte Sinnlichkeit. Stattdessen rückt die Gesellschaftskritik stärker in den Vordergrund: Als Ferdinand den Landeswucher des Vaters anklagt, wird noch die rhetorische Frage „Sind seine Schätze nicht Blutgeld des Vaterlands?“ (eigentlich in III, 4; S. 64, Z. 29 f.) eingeschoben.

Haußmann dagegen geht wesentlich freier und kreativer mit der Textvorlage um. Er verlegt das Geschehen in die Nacht und in Luises Schlafkammer, zu der Ferdinand an der Außenmauer des Hauses hinaufklettert. Die Begegnung der Liebenden wird dadurch sinnlicher und intimer, ein Effekt, der durch die körperliche Nähe der Personen und die Technik der Nahaufnahme hervorgehoben wird. Haußmanns Handschrift ist deutlich: Luise und Ferdinand reden nicht nur von ihrer Liebe (vgl. dazu KV „Die Sprache – ein Gegner der Liebe?“, S. 55), sondern leben sie. Sie lassen ihren Gefühlen auch körperlich freien Lauf, so als würde es das moralische Diktat der Keuschheit und Unschuld gar nicht geben. Dadurch wirkt die Begegnung sehr modern, aus dem geschichtlichen Kontext genommen. Kleidung und Setting sind jedoch durchaus historisiert, auch der am Ende der Szene einsetzende Gesang entstammt einem alten Volkslied von 1807 mit dem Titel „Wonne des Liebenden“ (vgl. dazu Historisch-kritisches Liederlexikon. Deutsches Volksliedarchiv unter: *http://www.liederlexikon.de/lieder/kein_feuer_keine_kohle*).

Eine solche Mischung von Altem und Neuem bzw. Modernem ist typisch für die Haußmann-Verfilmung. Deutlich wird dies beispielsweise an der Figur des Hofmarschalls, der sich wie ein moderner Dandy gibt und mit seinen pyromanen Auswüchsen entscheidend dazu beiträgt, dass Haußmann aus dem bürgerlichen Trauerspiel eine Tragikomödie macht.

Trotz vieler Streichungen und Einschübe ist Schillers Dialogführung auch bei Haußmann deutlich erkennbar, allerdings endet die Szene vollkommen anders als in der Vorlage: Luise stürzt nicht aus dem Zimmer. Stattdessen finden die

Liebenden zueinander und gehen gemeinsam in den nächtlichen Garten, wo Ferdinand seine Geliebte in romantischer Atmosphäre mit dem Geschenk eines Brautkleids überrascht.

Aufmerksame Beobachter entdecken freilich schon vor der pantomimischen Gartenszene entscheidende Veränderungen im Dialog. Wenn Ferdinand Luise in ihrer Furcht vor dem fremden Vater tröstet, heißt es:

F: Ich bin ja da. Du hast mich ja wieder.
L: Wieder? So hatt' ich dich verloren?
F: Nur einen Augenblick.

Ein Unterrichtsgespräch könnte ermitteln, dass dieser Dialog der zweiten Begegnung zwischen den Liebenden entlehnt ist, als Ferdinand von seinem Besuch bei Lady Milford zurückkommt (II, 5). Den besagten Augenblick beschreibt Ferdinand wie folgt: „Du hast mich ja wieder [...] Es war eine schreckliche Stunde [...] Eine Stunde, Luise, wo zwischen mein Herz und dich eine fremde Gestalt sich warf [...] wo meine Luise aufhörte, ihrem Ferdinand alles zu sein – –" (II, 5; S. 44, Z. 31 – S. 45, Z. 6). Haußmann vermengt hier also zwei Originalszenen, indem er den Anfangsdialog von I, 4 in der Handlungschronologie nach hinten in die fünfte Szene des zweiten Akts verlegt. Deutlich wird diese Verschiebung nicht nur in der Zeitangabe (die Szene beginnt nach 43 Minuten), sondern auch durch einen pathetischen Einschub Ferdinands, der ein weiteres Zitat aus II, 5 paraphrasiert: „Der Augenblick, der diese zwei Hände trennt, trennt mich vom Faden der Schöpfung" (vgl. II,5; S. 46, Z. 36 – S. 47, Z. 2 sowie KV „Ferdinand und die Liebe", S. 46).

→ Auch wenn beide Verfilmungen weitgehend auf die Originalsprache Schillers zurückgreifen, so zeigt der Szenenvergleich, dass beide Regisseure von der Textvorlage abweichen. Haußmann verfährt dabei wesentlich radikaler und kreativer, indem er Handlungen hinzuerfindet (z. B. die Gartenszene) oder Dialoge montiert und somit in die Chronologie der Handlung eingreift.

Weiterführende Anregung

Da es sehr zeitaufwendig ist, beide Verfilmungen komplett miteinander zu vergleichen, bietet es sich an, einzelne ausgewählte Ausschnitte genauer in den Blick zu nehmen und so die Besonderheiten der Verfilmungen stärker herauszuarbeiten. Die folgenden Szenenvergleiche (1 x ca. 20 Min.; 1 x ca. 18 Min.; die Zeitangaben erfolgen jeweils nach Öffnen des 1. Kapitels) verdeutlichen noch einmal die unterschiedlichen Perspektiven der Regisseure (Hellberg: Gesellschaftskritik; Haußmann: Liebe). Daneben zeigt sich erneut, dass sowohl Haußmann als auch Hellberg kreativ mit der Originaltextvorlage umgehen.

Hellberg-Verfilmung:
1. „Filmbeginn" (1. Kap.) 00:00 – 02:52 min
Gleich zu Beginn wird die Präsenz des Militärs leitmotivisch gezeigt; wenn Miller auftritt, wird die Nähe zur Textvorlage deutlich; Miller ist der Herr im Haus, Frau Miller dagegen eher zurückhaltend.
2. „Die Kabale" 53:30 – 1:10:20 min
Hellberg betreibt einigen Aufwand, um die Kabale in den Kontext der gesellschaftlichen Unterdrückung durch den Adel zu stellen: Die Verwahrung der Mutter im Spinnhaus und des Vaters im Gefängnis bekommen eine gesonderte filmische Einblendung; in genau diesem Kontext hören Männer, die sich weigern, als Söldner nach Amerika zu ziehen, ihr Todesurteil und werden wenig später hingerichtet. – Die Szene, in der der Kammerherr die Diamanten der Lady Milford als ein Geschenk des Herzogs bringt, wird vom zweiten in den vierten Akt verlegt. Die Kabale selbst, das Verfassen des fingierten Briefs, wird ausführlich dargestellt, dabei bleibt Wurm allerdings in seiner Rolle blass und unscheinbar; die Rettung der Eltern steht im Vordergrund.

Haußmann-Verfilmung:
1. „Filmbeginn" (1. Kap.) 00:00 – 05:10 min
Der Film wird angekündigt (Kapitelangabe, Titel), das Leben im Haus der Millers wird eingefangen, es deutet sich an, dass Luise und Ferdinand eine intime Beziehung haben (sie liegen im Bett miteinander), und es wird klar, dass Frau Miller im Haus das Sagen hat.
2. „Die Kabale" 1:00:45 – 1:13:05 min
Wurms intriganter Vorstoß wird symbolisch in Szene gesetzt (vgl. Filmplakat), die Gefangennahme der Eltern nur angedeutet (Brille des Vaters). – Wurm in seiner Unbeholfenheit Luise gegenüber wirkt sehr ausdrucksstark, sein Schwanken zwischen intrigantem Willen und Begierde wird plastisch dargestellt. – Das Thema ist nicht so sehr die Rettung der Eltern (Ferdinand: „Was kümmern uns die Väter?"), sondern die Macht der Liebe (Luise: „Die Liebe ist schlauer als die Bosheit und kühner"). – Mehrfach wird betont, dass Luise an Ferdinand glaubt (Luise: „Ferdinand wird seine Luise kennen"); Ferdinands Verzweiflung bei der Entdeckung des Briefs wird durch kurze Rückblenden unterstrichen. – Der Hofmarschall wird kurz als Pyromane sichtbar, die Lady erscheint nicht als soziale, mildtätige Person, sondern als herrschaftliche Frau und Rivalin.

Zur Kopiervorlage Seite 62: WAS WÄRE, WENN ...?

Anhand dieser kreativen Schreibaufgabe setzen sich die Schüler mit der Frage auseinander, ob es für Luise und Ferdinand ein Happy End geben kann bzw. ob sie nach ihrer Flucht ein Leben als Liebespaar führen könnten.

Dabei bietet die Aufgabe die Möglichkeit, einen kritischen Blick auf die Liebesbeziehung zu werfen, d. h. Ferdinands Dominanz und Neigung zur Eifersucht sowie Luises übergroße Liebe zu ihrem Vater zu thematisieren. Für das nötige Problembewusstsein empfiehlt sich noch einmal die Lektüre der Szene III, 4: In dieser eröffnet Ferdinand seiner Geliebten den Fluchtplan, Luise hält aber an ihren Pflichten dem Vater gegenüber fest, sodass es zum Zerwürfnis zwischen den beiden kommt. In diesem Zusammenhang ließe sich die Frage stellen, ob das gemeinsame Leben in der Natur und fern der Heimat, wie es sich Ferdinand ausmalt (vgl. III, 4, S. 64, Z. 4–15), zum Scheitern verurteilt ist.

Das Arbeitsblatt lässt sich sehr gut gegen Ende der Reihe als Vorbereitung auf die anspruchsvolle Kopiervorlage „Die Sprache – ein Gegner der Liebe?“ (S. 55) einsetzen.

Lösung

Aufgabe 2

Folgende Punkte könnten in Luises Brief Erwähnung finden:

- ihre Sehnsucht nach dem Vater
- ihr schlechtes Gewissen, Vater und Mutter verlassen zu haben
- die Angst vor dem „Fluch“ des Präsidenten (vgl. III, 4; S. 64, Z. 33)
- ihr Gefühl, mit der Flucht eine Sünde begangen zu haben („Mein Anspruch war Kirchenraub [...]“, III, 4; S. 65, Z. 10)
- ihr Leiden an Ferdinands absolutem Liebesanspruch
- Ferdinands beständige Eifersucht
- kommunikative Missverständnisse
- unterschiedliche Wertvorstellungen
- die Langeweile des Alltags

DREI REZENSIONEN

Obwohl „Kabale und Liebe“ bei der Erstaufführung in Mannheim sehr viel Aufsehen erregte und dort in den 1780er-Jahren immerhin siebenmal gespielt wurde, war das Stück zu Schillers Lebzeiten kein wirklicher Theatererfolg. Auch die Kritik reagierte bis ins 19. Jahrhundert hinein sehr unterschiedlich auf Schillers drittes dramatisches Werk.

1. Setzen Sie sich mit den drei abgebildeten Rezensionen auseinander: Was wird an dem Stück gelobt bzw. kritisiert? Formulieren Sie einen eigenen begründeten Standpunkt.

Anonym: Rezension im „Tagebuch der Mannheimer Schaubühne“ (20. September 1787)

Dieses Stück im Ganzen genommen, hat vor den beiden erstern des Herrn Schillers merkliche Vorzüge, sowohl in der ganzen Anlage als Führung des Plans, als in der Charakterisierung der Personen, in der Benutzung der Situationen und in der Bearbeitung des Dialogs. Luise Millerin und Ferdinand von Walter sind zwei Charaktere, die immer interessieren werden; Luise ist ein schwärmerisches, schönes Mädchen, das nur für Ferdinand atmet, nur in seinen Armen glücklich sein kann; ihn sogar in den letzten Augenblicken ihres Lebens noch von ihrer Liebe versichert, trotz dem, dass sie den Tod aus seiner Hand empfing; ein solches Geschöpf hat Anspruch auf unser Mitleiden, auf innigste Teilnahme. Und wer wird den Jüngling nicht bewundern, der Kraft genug hat, die Pläne eines ehrsüchtigen, boshaften Höflings, der sein Vater ist, zu vereiteln? Der alle Konventionen unter die Füße tritt; alle glänzenden Aussichten aufopfert, und mit aller Freimütigkeit, die nur großen Seelen eigen ist, der Mätresse des Fürsten sagt, sie sei seiner nicht wert.

In: HANS HENNING: Schillers „Kabale und Liebe“ in der zeitgenössischen Rezeption. Leipzig 1976, S. 218 f.

Clemens Brentano: Rezension im „Dramaturgischen Beobachter“ (9. Februar 1814)

EMILIE LINDER, Clemens Brentano (Gemälde, um 1837)

Ich kann Ihnen, verehrter Freund, über die Darstellung dieses Trauerspiels keine vollkommene Rezension schreiben, denn in der Mitte des dritten Akts konnte ich es nicht mehr im Theater aushalten und ging lieber einen weiten beschwerlichen Weg durch das Tauwetter, als dass ich meine Seele mannichfaltig misshandeln ließ. Dieses Trauerspiel gehört in die Periode Schillers, in welcher er noch mit sich selbst kämpfte; es ist die Arbeit eines jungen Gefühlshelden; der Pegasus [geflügeltes Pferd der griechischen Antike], statt mit goldenem Hufe den kastilischen Quell aus grüner Erde hervorzuschlagen, beträgt sich wie ein arabisches Ross, das sich die strotzenden Adern zu erleichtern, sie aufbeißt, und wir erhalten daher oft etwas Pferdeblut, zwar von edelster Abkunft, aber es ist doch nur Pferdeblut.

In: CLEMENS BRENTANO. Werke, Bd. 2. Hg. von Wolfgang Frühwald, Friedhelm Kemp. München 1980, S. 1227.

Theodor Fontane: Rezension in der „Vossischen Zeitung“ (14. Mai 1874)

Theodor Fontane (Foto, 1879)

Jedes Mal, wenn das Gastspiel einer neuen Luise, eines neuen Wurm, Miller oder Ferdinand uns zwingt, einer Wiederholung von „Kabale und Liebe“ beizuwohnen, erschrecken wir zunächst bei dem Gedanken, das oft Gesehene noch einmal sehen zu müssen, aber immer aufs Neue bringt uns das Stück unter seine außerordentliche dramatische Gewalt.

In: THEODOR FONTANE. Sämtliche Werke, Bd. 22, 1. Hg. von Edgar Groß u. a. München 1959 ff., S. 356.

2. Denken Sie, dass eine Aufführung von „Kabale und Liebe“ den heutigen Zeitgeist noch ansprechen kann? Begründen Sie Ihre Meinung.

ZWEI VERFILMUNGEN IM VERGLEICH

1. Betrachten Sie die Filmplakate. Stellen Sie Vermutungen an: Wann könnten die Filme entstanden sein? Was erwarten Sie sich von der jeweiligen Produktion?

Kabale und Liebe
Drehbuch und Regie: Leander Haussmann
Spieldauer: 100 Minuten

Kabale und Liebe
Drehbuch und Regie: Martin Hellberg
Spieldauer: 108 Minuten

2. Wie setzen die beiden Verfilmungen die Szene I, 4 aus Schillers Drama um, in der Ferdinand und Luise das erste Mal aufeinandertreffen? Achten Sie beim Szenenvergleich vor allem auf Änderungen gegenüber dem Originalstück.

WAS WÄRE, WENN ...?

Was wäre, wenn der Präsident seinen Sohn zwar weiterhin mit der Mätresse des Herzogs verkuppeln wollte und Sekretär Wurm nach wie vor ein Auge auf Luise geworfen hätte, es aber zu keiner Intrige käme? Dieser Frage sind die Autoren Leander Haußmann und Boris Naujoks in ihrem Briefroman „Die wahre Geschichte von Kabale und Liebe" nachgegangen.

1. Luise hat durch in der Stadt ausgehängte Plakate von der bevorstehenden Vermählung Ferdinands mit Lady Milford erfahren und schreibt ihrem Geliebten ein letztes Mal von ihrer Liebe zu ihm. Lesen Sie Ferdinands Antwort.

Ferdinand von Walter an Luise

den 17. September

Und ich liebe Dich. Ich wollte, ich hätte Worte zu sagen, wie sehr, aber ich habe sie nicht – und überdies auch keine Zeit, denn ich bereite unsere Flucht vor. [...]

Nur so viel: Du schreibst von den Plakaten in der Stadt. Lass mich Dir sagen, dass ich mir nur deshalb nicht die Mühe gemacht habe, jedes einzelne abzureißen, weil sie von einem anderen handeln. Es gibt keinen Major mehr, keinen Sohn, nur noch Ferdinand, Deinen Ferdinand. Und dieser hat Entschlüsse gefasst.

Man will mich verheiraten, will mich in einen faulen Handel zwingen mit ein paar Fetzen Papier, auf denen nichts als Lügen zu lesen sind. Nun gut, so sollen sie die Wahrheit wissen. Gleich morgen werde ich bei Deinem Vater vorstellig werden und um Deine Hand anhalten. Schriftlich allerdings nur, denn morgen werden wir beiden schon bei meinem Freunde, Blasius von Böller, außerhalb der Grenzen dieses Landes Zuflucht gefunden haben. Um Deiner bangen Frage zuvorzukommen, versichere ich Dir, dass dies unbedingt nötig ist. Spätestens seit ich erfahren habe, dass mein Vater mich mit Gewalt von Dir entfernen wollte, indem er mich zu einem vollkommen überflüssigen Manöver hat abkommandieren lassen.

Ich wünschte, ich könnte meinen Vater für diese Ungeheuerlichkeit persönlich zur Rede stellen, und behalte mir, wie Du verstehen wirst, dies auch vor. Allein, im Moment sind andere Dinge wichtiger, vor allem, mein Liebstes, dass Du Dir beiliegenden Fluchtplan genau einprägst und ihn anschließend vernichtest.

Ferdinand
[...]

Ferdinands Fluchtplan

Mein Engel,

in fünf Tagen, präzise halb zwei Nachmittag, noch einmal, in fünf Tagen, den 22., präzise halb zwei, sei im Chausseehaus zwischen Suffenhausen und Ludwigsburg. Dort warte, bis Du einer viersitzigen Chaise ansichtig wirst. Auf dem Bock sitzt Friedhelm [...].

Das Wichtigste ist, dass Du präzise um halb zwei am Chausseehaus bist. So nicht, ist alles verloren.
Ansonsten Stillschweigen!!

LEANDER HAUSSMANN / BORIS NAUJOKS: Die wahre Geschichte von Kabale und Liebe. Köln 2007, S. 67–69.

2. Gehen Sie von folgendem Szenario aus: Luise ist pünktlich am Chausseehaus erschienen und in die Kutsche gestiegen. Zwei Jahre später schreibt sie ihrer Freundin Sophie, was sich in der Zwischenzeit ereignet hat. Verfassen Sie diesen Brief.

KLAUSURVORSCHLÄGE

SZENENANALYSE

Vierter Akt, Siebente Szene (S. 84, Z. 1 – S. 90, Z. 18):
Luise Miller und Lady Milford im Vergleich

1. Fassen Sie den Inhalt des Dialogs zusammen und ordnen Sie ihn in den Gesamtzusammenhang ein.

2. Charakterisieren Sie die beiden Rivalinnen anhand der oben genannten Szene.

GESTALTENDE INTERPRETATION

1. Ordnen sie die folgende Szene in den Gang der Handlung ein. Beziehen Sie sich dabei vor allem auf den Dialog des Liebespaars aus der vorangegangenen Szene III, 4.

2. Was geht Luise wohl durch den Kopf, während sie allein und bewegungslos in dem Sessel liegt? Schreiben Sie ihre Gedanken in Form eines Monologs nieder. Achten Sie darauf, dass die ersten gesprochenen Worte der Szene („Wo meine Eltern bleiben? – Mein Vater [...]") nahtlos an diesen Monolog anknüpfen.

Dritter Akt, Fünfte Szene:

LUISE *allein. Sie bleibt noch eine Zeitlang ohne Bewegung und stumm in dem Sessel liegen, endlich steht sie auf, kommt vorwärts, und sieht furchtsam herum.*

Wo meine Eltern bleiben? – Mein Vater versprach in wenigen Minuten zurück zu sein, und schon sind fünf volle fürchterliche Stunden vorüber – Wenn ihm ein Unfall – Wie wird mir? – Warum geht mein Odem so ängstlich?
(Jetzt tritt WURM *in das Zimmer, und bleibt im Hintergrund stehen, ohne von ihr bemerkt zu werden.)*
Es ist nichts Wirkliches – Es ist nichts als das schaudernde Gaukelspiel des erhitzten Geblüts – Hat unsre Seele nur einmal Entsetzen genug in sich getrunken, so wird das Aug in jedem Winkel Gespenster sehn.

TEXTBEZOGENE ERÖRTERUNG

1. Geben Sie Schillers Gedankengang in folgendem Textauszug mit eigenen Worten wieder.

2. Erörtern Sie, inwieweit Schillers Ausführungen über die Liebe zum Ideal und zum Menschen auf Ferdinand von Walter zutreffen. Belegen Sie Ihre Ansichten mit Beispielen aus dem Drama.

Friedrich Schiller:
Die Liebe zum Ideal und die Liebe zum Menschen

Ich halte für Wahrheit: „Dass Liebe zu einem wirklichen Gegenstand[1] und Liebe zu einem Ideal[2] sich in ihren Wirkungen ebenso ungleich sein müssen, als sie in ihrem Wesen voneinander verschieden sind – dass der uneigennützigste, reinste und edelste Mensch aus enthusiastischer Anhänglichkeit an seine Vorstellung von Tugend und hervorzubringendem Glück sehr oft ausgesetzt ist[3], ebenso willkürlich mit den Individuen zu schalten als nur immer der selbstsüchtigste Despot, weil der Gegenstand von beider Bestrebungen in ihnen, nicht außer ihnen wohnt, und weil jener, der seine Handlungen nach einem innern Geistesbild modelt, mit der Freiheit anderer beinahe ebenso im Streit liegt, als dieser, dessen letztes Ziel sein eignes Ich ist." Wahre Größe des Gemüts führt oft nicht weniger zu Verletzungen fremder Freiheit, als der Egoismus und die Herrschsucht, weil sie um der Handlung, nicht um des einzelnen Subjekts willen handelt. Eben weil sie in steter Hinsicht auf das Ganze wirkt, verschwindet nur allzu leicht das kleinere Interesse des Individuums in diesem weiten Prospekt. Die Tugend handelt groß um des Gesetzes willen, die Schwärmerei um ihres Ideales willen, die Liebe um des Gegenstandes willen. Aus der ersten Klasse wollen wir uns Gesetzgeber, Richter, Könige, aus der zweiten Helden, aber nur aus der dritten unsern Freund erwählen. Diese erste verehren, die zweite bewundern, die dritte lieben wir.

FRIEDRICH SCHILLER: Briefe über Don Carlos, 11. Brief. In: Gerhard Fricke, Herbert G. Göpfert (Hg.): Friedrich Schiller: Sämtliche Werke, Bd. 2, München 1965, S. 258 f.

[1] zu einem wirklichen Gegenstand: Damit ist hier eine konkrete Person gemeint.
[2] zu einem Ideal: Das Ideal kann auch die Liebe selbst sein.
[3] sehr oft ausgesetzt ist: sehr oft dazu neigt.

LITERATURVERZEICHNIS

TEXTAUSGABE

Schiller, Friedrich: Kabale und Liebe. Stuttgart: Reclam 2017.

SEKUNDÄRLITERATUR

Zum Autor

Alt, Peter-André: Schiller. Leben – Werk – Zeit. Eine Biographie. München: Beck 2000.

Safranski, Rüdiger: Schiller oder Die Erfindung des Deutschen Idealismus. München: Hanser 2004.

Zum Werk

Binder, Wolfgang: „Schiller. Kabale und Liebe". In: Benno von Wiese (Hg.): Das deutsche Drama. Vom Barock bis zur Gegenwart. Interpretationen, Bd. 1. Düsseldorf: Bagel 1960, S. 248–268.

Brand, Tilman von: „Neue Zugänge zu Schiller hinterfragen. Kabale und Liebe in zwei Verfilmungen". In: Praxis Deutsch Nr. 217/2009, S. 36–42.

Haussmann, Leander / Naujoks, Boris: Die wahre Geschichte von Kabale und Liebe. Köln: Kiepenheuer & Witsch 2007.

Herrmann, Hans-Peter: „Musikmeister Miller, die Emanzipation der Töchter und der Dritte Ort der Liebenden. Schillers bürgerliches Trauerspiel im 18. Jahrhundert". In: Jahrbuch der deutschen Schillergesellschaft 28/1984, S. 223–247.

Schafarschik, Walter (Hg.): Erläuterungen und Dokumente zu Friedrich Schiller: Kabale und Liebe. Stuttgart: Reclam 1980.

Zu Gattung und Epoche

Boehn, Max von: Deutschland im 18. Jahrhundert. Berlin: Askanischer Verlag 1922.

Elias, Norbert: Über den Prozeß der Zivilisation. Soziogenetische und psychogenetische Untersuchungen, Bd. 1. Frankfurt a. M.: Suhrkamp 1976.

Greiner, Norbert u. a.: Einführung ins Drama. Handlung – Figur – Szene – Zuschauer, Bd. 1. München: Hanser 1982.

Guthke, Karl S.: Das deutsche bürgerliche Trauerspiel. Stuttgart: Metzler 1984.

Möller, Horst: Fürstenstaat oder Bürgernation. Deutschland 1763–1815, München: Siedler 1989 (= Die Deutschen und ihre Nation, Bd. 1).

Münch, Paul: Lebensformen in der frühen Neuzeit. 1500–1800. Berlin: Ullstein 1998.

Pleticha, Heinrich (Hg.): Deutsche Geschichte in 12 Bänden, Bd. 8: Aufklärung und Ende des deutschen Reiches 1740–1815. Gütersloh: Bertelsmann 1983.

Sennett, Richard: Verfall und Ende des öffentlichen Lebens. Die Tyrannei der Intimität. Frankfurt a. M.: Fischer 1983.

Internet

https://de.wikiquote.org/wiki/Friedrich_Schiller

https://lehrerfortbildung-bw.de/u_sprachlit/deutsch/bs/projekte/dramatik/kabale/

https://bildungsserver.hamburg.de/friedrich-schiller/

http://www.kuehnle-online.de/literatur/schiller/index.htm [weitere Werke Schillers in digitalisierter Form, zusätzliche Informationen über Leben, Werk und Sekundärliteratur, Bilder und Links]

https://www.schule-bw.de/faecher-und-schularten/sprachen-und-literatur/deutsch/deutschlinks/lernorte/schiller [Werkstatt mit Materialien für den Unterricht und Referate über Schiller]

Filme

Haussmann, Leander: Friedrich Schiller. Kabale und Liebe. DVD. Mainz: ZDF Enterprises GmbH 2005.

Hellberg, Martin: Friedrich Schiller. Kabale und Liebe. DVD. Potsdam-Babelsberg: DEFA 1959.

